100 Songs
Für die Ewigkeit

MUSIC WAS MY FIRST
LOVE,
AND IT WILL BE MY LAST ...

(JOHN MILES – MUSIC)

Ferdinand Köther

100 Songs
für die Ewigkeit

Ein Hörbuch zum Lesen

*Bibliografische Information der Deutschen National-
bibliothek: Die Deutsche Nationalbibliothek verzeich-
net diese Publikation in der Deutschen Nationalbiblio-
grafie; detaillierte bibliografische Daten sind im Internet über dnb.dnb.de abrufbar.*

*Herstellung und Verlag: BoD – Books on Demand,
Norderstedt*

ISBN: 978-3-746056586

Die Playlist „100 Songs für die Ewigkeit" ist bei Spotify[®]
und Tidal[®] unter diesem Namen zu finden, mit fast allen Songs, in
wenigen Fällen leider in anderen Versionen … oder eben gar nicht.
Andere Versionen heißt auch in zumindest einem Fall anderer
Künstler (bei Tidal).

VORWORT

Dies ist ein Hörbuch zum Lesen – idealerweise hat der Leser den Song in seinem Archiv oder kann ihn herunterladen und hören, während er darüber liest, oder vorher oder nachher.

Mit „Song" ist übrigens immer diese Version gemeint, auch wenn es meist, aber eben nicht immer, die erste, originale Aufnahme der Komposition ist. Aber was ist ein Song ohne Interpreten? Ein Stück Papier mit Noten darauf, falls überhaupt. Einem Song wird erst durch die Interpretation seine Seele eingehaucht, und so geht es hier ebenso auch um die Musiker, nicht zuletzt auch um die Komponisten … doch zuletzt, leider, sonst würde das den Rahmen sprengen.

Komponisten stehen selten im Rampenlicht, aber können sich damit trösten, dass sie oft den Großteil der Tantiemen auf ihrem Konto verbuchen können, verdientermaßen. Außerdem heißt „Song" für mich, dass es ein Musikstück ist, das dauerhaft im Ohr hängenbleibt wegen der Melodie, manchmal auch nur wegen des Rhythmus und/oder der Kombination dieser beiden Elemente und vor allem der Hingabe des Künstlers (damit sind Einzelpersonen und auch Gruppen gemeint). „Song" heißt allgemein ein Musikstück mit Gesang, das trifft auf die weitaus meisten hier vorgestellten zu und wie immer bestätigen Ausnahmen die Regel.

Die Auswahl und sowieso fast alles Geschriebene ist natürlich subjektiv, aber bietet vielleicht auch dem einen oder anderen Leser/Hörer die Gegebenheit, sich mit diesem oder jenem Künstler oder Song näher zu befassen und tiefer einzutauchen, oder sich zu erinnern, damals …

Trotzdem habe ich mich bemüht, auch eine gewisse Objektivität einfließen zu lassen, was die Bedeutung dieser oder zumindest mancher Musikstücke und auch Musiker der Musikgeschichte betrifft. Auch darüber wird und darf es geteilte Meinungen geben, letztendlich ist (fast) alles Geschmackssache.

Das ist gut so und wer meinen Geschmack teilt und vielleicht auch gerade wer nicht, wird hier möglicherweise manches entdecken oder wiederentdecken.

Und was ist mein Geschmack? Deutlich auf der Heavy-/Hard Rock-Seite, aber auch mit großer Neigung zu Melodie und Gefühlen, und wer sagt denn, dass Gefühle nicht heavy sein können? Und wie …

100 Songs für die Ewigkeit könnten auch 100 Beatles-Songs sein, die habe ich bewusst nicht berücksichtigt.

Die Beatles sind die Götter des Olymp, auf den alle anderen Musik-Halbgötter und -Helden steigen woll(t)en und ohne die es sie gar nicht gäbe, zumindest nicht in dieser Form und Art (und die Beatles hätten die Spitze des Olymps nicht ohne einige vorangegangene Musik-Halbgötter und -Helden erklimmen können, zumindest nicht in dieser Form und Art).

Behaupte ich und mag sich bei meiner Heavy-Vorliebe seltsam anhören, ist aber so. Punkt. Anderes Thema. Punkt. Und wer sagt überhaupt, dass die Beatles nicht heavy sind, in jeder Beziehung?

Trotzdem werden uns die Beatles hier und da begegnen, wie könnte die Erde ohne Himmel sein?

Mein „Geschmack" hört weitgehend in den 80er Jahren auf, dies zur „Warnung". Also bietet diese Song-

Auswahl, darunter manche „Standards", überwiegend eine Retrospektive auf die 60er bis 80er Jahre des letzten Jahrhunderts, die innovativsten des Jahrzehnts und seitdem unübertroffen, behaupte ich als Rock-Opa.

Die Möglichkeit, Songs mit Worten zu beschreiben, halte zumindest ich für beschränkt – manche, hoffentlich nicht zu viele Wiederholungen möge der Leser/Hörer mir verzeihen, aber man sollte dieses Buch auch nicht unbedingt „in Reihenfolge" von A-Z lesen/hören.

Deshalb ist oft zum Song bzw. dessen Musik selbst eher wenig geschrieben und ich versuche, mit Hin- und Verweisen zum Künstler selbst und auch auf andere Songs und Künstler und Hintergrundinformationen und sonstigem Gelaber das Interesse zu wecken, sich mit dieser oder jener Gruppe bzw. Künstler oder Song und der Musikgeschichte überhaupt näher zu beschäftigen. Manchmal mag die Begeisterung mit mir durchgehen, aber das ist gut so – Musik ist Leidenschaft und Begeisterung, die empfindet jeder anders.

Mancher wird sicher ab und zu denken „ach, diese olle Kamelle schon wieder", mancher vor allem junge Leser hat diese olle Kamelle vielleicht noch nie gehört.

Egal, ich hoffe, diese kleine Auswahl von Songs möge manchen inspirieren, tiefer in die wundervolle Welt der Musik einzutauchen. Es gibt noch viele weitere (mindestens) Songs für die Ewigkeit, die jeder für sich entdecken mag. Viel Spaß dabei!

Jetzt aber Kopfhörer aufgesetzt (am besten), Pegel auf LAUT gestellt, und ab geht's!

Und so banal wie ewig gültig:

KEEP ON ROCKIN'!

Anmerkung zur Notation: Ich nenne den Songtitel zuerst, dann den Interpreten, darunter den/die Komponisten in (Klammern). Die allgemein übliche, aber nicht immer einheitliche Notation ist Musikkomponist/Textkomponist. Ich habe immer alle Namen nur mit Komma getrennt, oft ist auch die Unterscheidung zwischen Musik- und Textkomponist nicht klar (im Buchtext aber, wenn erwähnt, x/y geschrieben, da ein Komma an dieser Stelle die Lesbarkeit beeinträchtigen würde).

Die Songs sind nach Titeln alphabetisch geordnet, entsprechend der Index im Anhang mit Angabe der Interpreten. Dort gibt es aber auch einen Index der Interpreten in alphabetischer Ordnung (ohne Songtitel und ohne „The", wie bei manchen Gruppen angegeben, wo es angebracht schien) unter Einbeziehung des Vornamens für den ersten Buchstaben – entgegen meiner Gewohnheit.

Im Text ist der Songtitel **fett** geschrieben, wie in der Überschrift, andere erwähnte Songs oder Titel von Alben sind *kursiv* geschrieben. Der Interpret selbst und andere Interpreten sind im Text nicht besonders hervorgehoben. [Einige wenige aktuelle Ergänzungen, während des Lektorats bzw. dieser Nachbearbeitung 2023 erstellt, sind in eckige Klammern gesetzt.]

Ganz bewusst habe ich keine Jahreszahlen beim Titel angegeben; manchmal im Text, gleiches gilt für Verweise auf Alben. Dieses Buch soll/sollte u. a. ein Anreiz sein, sich mit der Materie näher zu beschäftigen, sagte ich schon. Jeder hat Internet-Zugang, jeder kann und sollte ihn sinnvoll nutzen.

[Playlists zu diesem Buch siehe Impressum.]

Wikipedia ist eine großartige Informationsquelle, der ich manche hier genannten Informationen verdanke und gebündelt habe, weil ich sie vielleicht vergessen hatte oder sogar überhaupt nicht wusste. Mein ausdrücklicher Dank an Wikipedia (das jeder mal hin und wieder mit einer kleinen Spende unterstützen sollte).

Gerade die Musik betreffend ist dabei die englische Wikipedia deutlich zu bevorzugen, bei allem Respekt für die Übersetzer/Schreiber der deutschen.

Die Länge eines (meines) Textes hat, nebenbei bemerkt, nichts mit der (subjektiven) Qualität und Wertschätzung des Songs zu tun.

AEGIAN SEA - APHRODITE'S CHILD

(Vangelis Papathanassiou, Costas Ferris)

Aphrodite's Child, waren das nicht diese Griechen mit ihrem schmalzigen Schmusesong *Rain And Tears*?

Richtig, das waren „diese Griechen", vor allem Demis Roussos mit seiner einschmeichelnden Stimme und Vangelis Papathanassiou, der später als Tastenkünstler unter dem einfachen Namen „Vangelis" eine erfolgreiche Solokarriere hinlegte, ebenso wie sein Kollege Demis Roussos als Sänger und (Haus-)Frauenschwarm, womit ich weder ihm noch Hausfrauen oder Frauen überhaupt etwas zuleide tun will (im Gegenteil). Und *Rain And Tears* gefiel/gefällt mir auch.

Ich muss hier mal etwas ausholen – dieser Song stammt aus dem Gesamtkunstwerk *666*, (Doppel-LP aus dem Jahre 1971, später 2-CD), das man auch als Rockoper bezeichnen könnte (ich hasse diesen Begriff, weil ich Opern hasse). *666* (The Number of the Beast – offizieller Untertitel ist *The Apocalypse Of John, 13/18*) ist ein bemerkenswertes, wenig bekanntes, teilweise schwer verdauliches Opus.

Irene Papas' Geschrei/Gestöhne bei ∞ (so heißt der Song) lässt Jane Birkin bei *Je t'aime* wie fröhliches Babygeplapper klingen.

Obwohl oder vielleicht gerade weil aus dem Zusammenhang gerissen, ist **Aegian Sea** zumindest für mich ein absolut herausragendes Stück Musik. Auf schwebende Synthieklänge, untermalt von einem schönen Basslauf und Chorgesang, folgt ein „Paukenschlag" (Drums) und eine abwärts kaskadierende Tonfolge … das Ganze von vorne … und noch ein Mal … wer das bis dahin langweilig, zum Gähnen oder Einschlafen findet, dem will ich nicht widersprechen, aber empfehlen, weiter zuzuhören (falls er noch nicht eingeschlafen ist). Beim dritten Mal, wenn man auf den Paukenschlag wartet (falls ...), setzt dann eine wunderschöne Gitarre (denke ich, könnte auch Synthie sein?) mit himmlischem Sound ein und eine tiefe Männerstimme (nicht Demis Roussos) beginnt, hier nur kurz und knapp zusammengefasst, vom Untergang der Welt zu erzählen – nicht zu singen! Etwas später kommt noch ein herrlich knarrend-sägender Synthiesound (da bin ich sicher) im Hintergrund dazu und mit dieser himmlischen Gitarre verschmilzt alles zu einem wunderbar ... himmlischen Sound, ganz im Gegensatz zum gesprochenen Text.

Musik ist mit Worten oft schwer zu beschreiben, das gilt hier einmal mehr und ganz besonders in diesem Fall.

Ein ruhiger, sehr atmosphärischer Song, den man auf sich einwirken lassen muss und der stark auf die Gefühlsnerven drückt, wenn man dafür empfänglich ist.

Ein bisschen *Rain And Tears*-Schmalz kommt seltsamerweise durch und ich schätze, dass dies einer meiner höchst persönlichen Ewigkeitssongs ist, für den sich sonst „kein Schwein" interessiert.

Aber Schweine sind intelligent und lernfähig, vor allem die, die Bücher lesen ...

In korrektem Englisch müsste es übrigens „Aegean Sea" heißen, ob diese Abweichung beabsichtigt oder ein „Druckfehler" ist, weiß ich nicht.

Wie auch immer, kommerziell waren Demis und Vangelis später sehr viel erfolgreicher. Aber keiner ihrer Songs hat mich je so berührt wie „Ägäisches Meer" (übersetzt), ich tauche entzückt in die Ewigkeit des Ägäischen Meeres ein (trotz des nicht entzückenden Textes)!

AIN'T NO SUNSHINE - MAMA LION
(Bill Withers)

Ich gestehe – meine (und da bin ich wahrscheinlich nicht allein) erste Aufmerksamkeit erregte das Album *Preserve Wildlife* von Mama Lion durch das Cover.

Die mit leichtem Silberblick lasziv blickende, attraktive Blondine ist/war ein „eye-catcher", erst recht, wenn man das Gitterfenster des Covers aufklappt und sieht, wie sie ein Löwenbaby an ihre opulente nackte Brust hält, da möchte man selber gerne Wildlife sein.

Mit diesem aber auch sonst hübschen Klappcover konnte man damals wohl „nicht jugendfrei" vermeiden und die Neugier wecken.

Sex sells ... oder auch nicht, denn großer Erfolg war dem Album und überhaupt dem Projekt Mama Lion nicht beschieden. Vielleicht war diese Darstellung sogar kontraproduktiv, weil möglicherweise viele dachten „naja, hübsch, aber sicher steckt nicht viel dahinter."

Weit gefehlt! Es gibt nicht nur was für die Augen, sondern vor allem auch heftig auf die Ohren. Die kalifornische Rockröhre Lynn Carey, die sich hinter dem Covergitter für die damalige Zeit so freizügig zeigt, und der kanadische Tausendsassa Neil Merryweather (der einen eigenen Eintrag in diesem Buch hat) hatten schon vorher zusammengearbeitet, bevor sie die Gruppe Mama Lion aus der Taufe hoben. Lynn wird gelegentlich mit Janis Joplin verglichen, aber was sollen Vergleiche? Beide Frauen könnten stolz sein, mit der anderen verglichen zu werden.

Ihr Intro zu diesem ersten Stück des Albums, zu dem dann vorsichtig Neils Bass hinzu kommt (und später natürlich andere Instrumente), fetzt gleich richtig los und lässt nicht nach – die Löwin brüllt und Mama Lion machen aus diesem wunderbaren, leicht jazzig angehauchten Song ein starkes Stück Rock/Blues Rock, das sich gewaschen hat. Das setzt sich auf dem ganzen Album so fort, auch noch auf ihrem zweiten und leider letzten.

Ain't No Sunshine dürfte zu den am meisten gecoverten Songs gehören, da hat Wikipedia mal ausnahmsweise große Lücken aufzuweisen. Oft, häufig – wie schon erwähnt – jazzig angehaucht, soulig und/oder im Lounge-Stil präsentiert, aber nie so rassig wie hier, ohne dabei den Charakter des Songs zu verlieren. Dem kürzlich leider verstorbenen Bill Withers dürfte diese Interpretation seiner genialen Komposition auch gefallen haben.

Und wenn nicht – Wildlife ist auf jeden Fall erhaltenswert, nicht nur wenn es optisch und vor allem akustisch so präsentiert wird wie von Mama Lion. Eine Löwenmama für die Ewigkeit, auch wenn es da vermutlich keinen Sonnenschein gibt!

ALL ALONG THE WATCHTOWER - JIMI HENDRIX EXPERIENCE

(Bob Dylan)

Zwei Ikonen mit einer Klappe – Jimi, der Gitarrenmeister aller Klassen, Wegbereiter und Innovator mit unermesslichem Einfluss auf Generationen von Musikern, und Bob, eigentlich Robert, großartiger Lyriker und Komponist, mit ähnlich großem Einfluss und nachhaltiger Bedeutung, inzwischen ja auch Nobelpreisträger.

Anders herum aufgezäumt – auch Jimi hat einige klasse Songs komponiert, während Bob als Musiker auch ein paar ganz nette Weisen abgeliefert hat, ansonsten aber eher unter „ferner liefen" … lief und läuft, für mich. Die Zimmermänner (Dylan-Jünger – Robert Allen Zimmerman ist sein richtiger Name) werden mich steinigen, aber ich kann's verkraften, like a rolling stone …

Jimi hat mit seiner Gitarre und einzigartigem Gesangsstil jedes Stück zu „seinem Stück" gemacht (oder auch ohne Gesang, wie die amerikanische Nationalhymne *Star Spangled Banner*), dies erstmals mit seinem ersten Hit *Hey Joe* unter Beweis gestellt, ein uralter Standard, ab dann ein „Hendrix-Song".

Jimi interpretierte die Songs nicht nur, sondern machte sie völlig zu seinen eigenen und gab ihnen ein neues, ganz anderes Leben. So auch diesem, viele kennen auch **All Along The Watchtower** nur als „Hendrix-Song", womit dem genialen Komponisten unrecht getan wird. Zwei Genies zusammen schaffen etwas Neues, jeder mit seinem Beitrag. Wie viele Dylan-Songs wurde auch dieser von vielen anderen Künstlern interpretiert, aber nie so eindringlich, schwer und gleichzeitig schwebend wie von Jimi. Der Fantasy-Text erinnert entfernt an Texte der frühen King Crimson, oder umgekehrt, **All Along The Watchtower** war früher.

Hier mehr zu Jimi Hendrix zu schreiben wäre mehr als müßig, zu kaum einem andern Künstler gibt es mehr Publikationen, außer zu den Beatles.

Und mit kaum einem Nachlass eines anderen Künstlers, oder mit keinem, wurde mehr Schindluder getrieben, eine andere Geschichte. Das heißt nicht, dass unter seinem Nachlass nicht einige Perlen zu finden sind.

Immer an der Wand lang ... nein, immer entlang am Wachtturm, bis in alle Ewigkeit, in die Jimi viel zu früh eingegangen ist und die er vermutlich gehörig mit seiner Gitarre vereinnahmt hat. Etwas Besseres könnte ihr nicht passieren.

ALL THE WAY FROM MEMPHIS – MOTT THE HOOPLE

(Ian Hunter)

Mottze ... wer? Das mag mancher fragen, der diese nach einem Roman benannte Band nicht kennt (kein Roman von Charles Dickens oder J.R.R. Tolkien, sondern von Willard Manus). Na gut, den Roman kenne ich nicht (vielleicht ein Fehler?), aber dafür umso besser diese klasse Truppe, die ihren Höhepunkt zu Glam Rock-Zeiten in den 70ern hatte.

Ihr gutes Debut-Album mit dem tollen Hieronymus Bosch Cover und der fulminanten Instrumentalversion (!) von *You Really Got Me* (siehe da) erregte Aufmerksamkeit und schuf eine kleine Fan-Gemeinde, aber verhalf ebenso wenig wie folgende, durchaus beachtenswerte Alben zum großen Durchbruch.

Erst als David Bowie für sie *All The Young Dudes* schrieb, während sie frustriert über ihre Auflösung nachdachten, ging die Post ab.

Bowie und Mott The Hoople passen irgendwie gut zusammen, beide stilistisch chamäleonartig sehr wechselhaft und vielfarbig. Bowie selbst hat diesen Song erst viel später mal so „nebenbei" aufgenommen, aber oft live zum Besten gegeben; es gibt eine Version mit Mott The Hoople und David Bowie zusammen.

Wie auch immer, auf einmal waren Mott The Hoople „angesagt" und produzierten einige tolle Hits, mauserten sich von der langhaarigen Hippie-Rocker-Truppe zur immer noch langhaarigen, gestylten Glam Rock-Truppe, angeführt vom immer mit Sonnenbrille bewehrten, charismatischen Sänger Ian Hunter. Nicht nur er wusste seine Stimme zu beherrschen, auch die anderen Jungs mussten sich vor niemandem verstecken.

Ihre erwähnten tollen Hits sind alle auf gewisse Weise ähnlich, sie hatten ihre erfolgreiche Formel gefunden, angestoßen durch *All The Young Dudes*. Welchen soll ich hier nur nehmen ... *Honaloochie Boogie, The Golden Age Of Rock 'n' Roll* oder vielleicht *Roll Away The Stone*?

Nein, **All The Way From Memphis** (seltsamerweise auch schon mal *All the Way To Memphis* genannt) ist die Essenz ihres Sounds dieser erfolgreichen Jahre:

Das herrlich rollende Honky-Tonk-Piano-Intro geht sofort in die Beine und gibt den weiterhin ebenso herrlichen rollenden Rhythmus vor. Dann kommen Ian Hunters Sangeskünste hinzu, eine starke Gitarre im Hintergrund, auch etwas Saxofon – Rock 'n' Roll eben. Im Solo wechseln sich Saxofon und Gitarre ab, das Honky-Tonk-Klavier ist immer zu vernehmen, wie alles andere auch. Das rockt!

Der Weg von Memphis aus mag weit sein, aber wir haben ja Zeit genug für diesen wunderbaren Song, bis in alle Ewigkeit.

A WHITER SHADE OF PALE – PROCOL HARUM
(Gary Brooker, Keith Reed, Matthew Fisher)

Kann man in Tönen baden? Ich schon, vor allem in Gitarrentönen, aber auch Orgeltöne sind bestens dafür geeignet, wenn sie denn diesen „Badesound" haben.

Ich war nie ein begeisterter Kirchgänger; als kleiner Junge war man das einfach „gezwungenermaßen" ohne Begeisterung, als Messdiener war's nicht ganz so langweilig, dann gar nicht mehr – aber ein kleiner Lichtblick war meist das brausende Orgelspiel, das den Aufenthalt nicht ganz so langweilig machte.

Aber nie klang eine Orgel herrlich himmlischer als bei diesem Mega-Hit des Jahres 1967, bis heute einer DER Schmusesongs überhaupt, wofür mehr als 10 Millionen verkaufte Singles ein deutlicher Beweis sind (das haben nicht viele Singles geschafft). Vermutlich wurden auch dadurch zumindest zeitweise viele Singles zu „Twingles" …

Klassisch angehaucht, mit leichtem Blues-Rhythmus und Gary Brookers unverwechselbarer Stimme schleicht sich diese unvergleichliche Melodie in die letzen Haut-, Haar- und Herzritzen und passt seltsamerweise bestens zur Flower-Power-Zeit, nicht zuletzt auch wegen des Nonsens-Fantasy-Textes. LSD in Musikform, in dieser Form aber ewig andauernd.

Es wäre sehr ungerecht, Procol Harum auf diesen Song zu reduzieren, sie haben viele hervorragende Alben mit oft sehr komplexen Songs abgeliefert, oft auch mit diesem gewissen Klassik-Touch und immer mehr mit Robin Trowers einmaligem Gitarrenspiel im Vordergrund – er begab sich dann auf eine tolle Solokarriere. (Und ist damit auch in diesem Buch vertreten.)

Trotzdem wird der Name Procol Harum den „Makel" nicht los, auf immer und ewig das Synonym für diesen unerreicht einmaligen Weichspüler-Giganten zu sein – ein Makel, den viele andere gerne hätten.

Der Rekord für den am häufigsten falsch geschriebenen Namen ist ihnen auch nicht zu nehmen (meist „Procul Harum", oder Procul Harem" usw.).

BAKER STREET - GERRY RAFFERTY

(G. Rafferty)

Die Bäckerstraße in London ist eigentlich nichts besonderes, ziemlich lang, wie viele Londoner Straßen, das war's … fast.

Ähnliches gilt übrigens auch für die *Penny Lane* in Liverpool, die es zu Ehren eines Beatles-Songs brachte, andere Geschichte ... In Songtiteln gibt es so manche Straßen (z. B. nach Kairo, Julie Driscoll mit Brian Auger & Trinity oder zur Hölle, Chris Rea), aber selten real existierende.

Die **Baker Street** wurde spätestens durch Gerry Raffertys Song berühmt, ein großer weltweiter Hit. Die Beatles hatten dort ihre Apple-Boutique und ihre Büros, in der Nähe ist Ringos früheres Appartement, in dem John und auch Jimi Hendrix wohnten, wieder andere Geschichte(n).

Heutzutage gibt es dort immerhin einen recht großen, offiziellen Beatles-Shop (nicht an der Stelle der früheren Boutique) und wenn man zu Madame Tussaud's will, fährt man zur U-Bahn-Station **Baker Street**, weshalb das oft verwechselt wird die Wachsfiguren wohnen an der Marylebone Road. Wenn ich mal nix mehr zu tun habe, werde ich Fremdenführer in London ... also nie.

Mit diesen Gegebenheiten beschäftigt sich Gerry in seinem Song nicht, vielmehr war er dort öfter bei seinem Anwalt während Rechtsstreitigkeiten mit seiner früheren Band Stealers Wheel (nett, aber nie so richtig mein Ding) und gab sich auch gerne die Kante ... zu oft, was später zu seinem relativ frühen Tod führte.

Eher um diese Gegebenheiten (außer dem Tod) geht es in dem locker-flockigen Song, etwas versteckt und verpackt in eine grandiose Melodie.

Die unspektakuläre, sehr angenehme Stimme des Schotten ist eingebettet in ein Soundpaket aus spektakulärem Saxophon-Riff (das sich fast wie eine Gitarre anhört), einem fantastischen Gitarrensolo und gelegentlichem, leichten Hintergrund-„Grollen" in den Übergängen, von dem ich nur vermuten kann, dass es irgendwie mit Keyboards erzeugt wurde. Wer es genau weiß, kann es mich gerne wissen lassen.

Diese beeindruckende Melange asphaltiert ganz lässig und nebenbei grandios die Gehörgänge und auch wenn die **Baker Street** nicht die längste Straße ist, führt sie direkt in die Ewigkeit.

BEDS ARE BURNING - MIDNIGHT OIL

(Rob Hirst, Jim Moginie, Peter Garrett)

Der Erfolg dieser Truppe aus Uluruland (Australien) in den 80er Jahren ist irgendwie an mir vorbeigegangen, aber zum Glück habe ich sie später noch entdeckt. Ihre kernige, ganz spezielle Mischung aus Rock, Pop und anderen Stilen geht meist direkt in die Beine, sollte vor allem aber auch ins Hirn gehen.

Die häufig politischen und sozialkritischen Texte sind für Nicht-Aussies nicht immer einfach zu verstehen, aber es lohnt sich, sie nachzulesen.

Ganz besonders **Beds Are Burning** – da wird nicht mit dem Finger gezeigt, sondern schon 1987 enorme Weitsicht bewiesen. Der pumpende Rhythmus und die akzentuiert gesetzten Breaks untermauern das Thema bestens, nicht zuletzt die eine tickende Uhr imitierenden Percussionschläge.

„Wie können wir schlafen, während unsere Betten brennen?" „Es ist Zeit, unsere Zeche zu zahlen." Das ist heutzutage aktueller denn je und schon erstaunlich, dass Midnight Oil in jenen Zeiten des sorglosen Überflusses bereits erkannt hatten, wohin die Reise geht. Aufgrund ihrer politischen und kritischen Haltung waren sie nicht gerade ein Liebling der Medien; vielleicht sind sie mir u. a. deshalb damals durch die Lappen gegangen.

Der charismatische Sänger Peter Garrett wurde später australischer Umweltminister, übernahm auch andere Ressorts und tourt heutzutage wieder mit Midnight Oil über die Bühnen der Welt, wenn ich richtig informiert bin. Die Touren sind sicher nachhaltig, und ein neues Album ist auch angekündigt – dieses Mal werde ich nichts verpassen.

Meine seltene Promo-CD (mit 25 teils raren Stücken/Versionen, ein besonderer Schatz) aus den frühen 90er Jahren trägt den Aufdruck „This wrapper is manufactured from 100% recycled paper." Kein Stück Plastik, von der CD selbst abgesehen, nur Papier und Pappe und zu der Zeit ein noch weitgehend unbekannter Hinweis. Eine wundervolle, 8-minütige Version von **Beds Are Burning** ist das Highlight. Das Inlay sagt „Wir leben auf einer zerbrechlichen Kugel, sie ist ein Wunder und wir zerstören sie." (Auf Englisch.) Ich wiederhole: späte 80er, frühe 90er Jahre!

Unsere Kugel hält nicht für die Ewigkeit, aber dieser Song wird ewig nachhallen, auch wenn ihn niemand mehr hören kann. Alle mahnenden Worte sind vergeblich, und bei einer solchen Band und solchem Song kann die Betrachtung auch ruhig mal etwas verbindlicher ausfallen. Unsere Betten brennen schon lange, aber solange sie noch nicht völlig abgebrannt sind, können und sollten wir uns trotz der deprimierenden „Message" an diesem eindringlichen Werk erfreuen.

BLACK HOLE SUN - SOUNDGARDEN
(Chris Cornell)

Ich höre gerne Heavy Metal, aber als Kind der 60er, 70er und mit Abstrichen der 80er Jahre, musikalisch gesehen, stehe ich dem Hard Rock/Blues Rock noch näher, wobei die Grenzen fließend sind. Nicht zuletzt deshalb, weil Heavy Metal trotz seiner vielen Spielarten meiner Meinung nach oft mehr Gewicht auf Sound als auf Song legt.

Einen Sound hört man gerne (oder nicht) und er ist in gewissem Maße beliebig, während sich ein Song ins Hirn und die Gehörgänge einbrennt und dort verewigt. Genau das gelingt **Black Hole Sun** auf ganz ausgezeichnete Weise – kein Headbanger, sondern ein in getragenem Tempo vorgebrachter Song, hat der melodische Anfang wenig bis nichts mit Heavy Metal zu tun, bis der immer noch melodische, aber wuchtige, druckvolle Refrain Metall ins Spiel bringt, bis zum Ende immer wieder mit ruhigeren Passagen abwechselnd.

Das ist nicht der Stoff, aus dem Heavy Metal gegossen ist, aber der Stoff, aus dem tolle Songs gewebt sind und die man hören kann, bis unsere Sonne im Schwarzen Loch verschwindet.

BLACK MAGIC WOMAN/GYPSY QUEEN - SANTANA

(P. Green, G. Szabo)

Zing Went The Strings Of My Heart ist ein Song der Move, die ich sehr mag, die es aber leider knapp nicht in dieses Buch geschafft und mit Santana absolut gar nichts zu tun haben. Aber so geht mir immer das Herz auf, wenn ich diesen Mann und seine Gitarre höre.

Carlos Santana ist ein Gigant – nicht was seine körperliche Statur betrifft, sondern seine Musikalität, sein Können, seinen Stil. Eine verlässliche, unerlässliche Ikone seit mehr als 50 Jahren, ein Genie. Er singt selten, seine Stimme ist seine Gitarre, mit der er verschmilzt wie kein anderer, dieser Innigkeit kam vielleicht Jimi Hendrix nahe. Überhaupt ist Gesang insgesamt eher Nebensache, aber wenn, dann immer erstklassig.

Carlos' Gitarre ist nicht sein Instrument, sie ist er selbst und er ist die Gitarre. Sein Sound ist aus tausenden herauszuhören, „immer gleich" mögen seine Nicht-so-Fans sagen, das ist aber gerade sein Markenzeichen und wer genau hinhört, entdeckt immer wieder neue Nuancen.

Er brachte mit seinem Latino-Tex-Mex-Sound völlig neue Klangwelten in die Rockmusik, wunderbaren Rock und Drive, wunderbare Melodien, Percussionorgien und vor allem seine absolut einzigartige, unnachahmliche Gitarre.

Wie alle großen Meister wusste und weiß er hervorragende Musiker um sich zu scharen, die oft damit den Grundstein für eigene große Karrieren legten (Neil Schon mit Journey z. B., siehe da). Die Band Santana ist ein Durchlauferhitzer für Talente wie kaum eine andere, die Liste der Musiker ist ellenlang und kaum ein Album oder keins (das prüfe ich jetzt nicht nach) wartet mit gleicher Besetzung auf.

Das macht überhaupt nichts, Carlos und seine Gitarre sind da (oder „Carlos Gitarre" ist da), mehr braucht es nicht, um stundenlang in Hörorgien zu schwelgen, nicht ohne dass dabei die Knie und Hüften schwingen. Eigene oder Fremdkompositionen, auch ganz große Standards, zerfließen und verknüpfen sich unter seinen Fingern zu einem dichten Klangteppich, der sich auf Herz und Seele legt. Ach Carlos, du mein Carlos … nein, ich bin nicht schwul, und könnte noch seitenlang mit dieser Lobhudelei weitermachen.

Und jetzt kommt wieder der schwierige Teil, die Wahl eines Songs. Alle. Fertig. Nein, so geht das leider nicht, das wären weit, weit mehr als einige 100 und ich muss mal eine Wahl treffen …

Samba Pa Ti oder *Oye Como Va* sind Allgemeingut, seine santanisierten Versionen von *Whole Lotta Love, While My Guitar Gently Weeps, Back in Black* (eine Rap-Version (!), geht normalerweise gar nicht, aber mit Carlos' magischen Fingern geht auch das ausgezeichnet) … und, und, und sind Santana pur, wie alles.

Ich muss mich entscheiden – und habe nicht gemogelt, dieses Medley aus zwei Songs ist ein Song. Das großartige Fleetwood Mac-Stück ist natürlich santanisiert, in dieser Fassung auch fast Allgemeingut, und geht eine tolle Verbindung mit dem anderen Stück ein, natürlich. Und der Titel enthält ein Wort, das auf Santana ganz besonders zutrifft: Magic – Magie!

Wem die Wahl dieses Titels zu banal zu sein scheint, der möge irgendeinen anderen Santana-Song wählen, egal welchen – die pure Magie bleibt bis in alle Ewigkeit, schon der Name verströmt sie.

BRIDGE OF SIGHS - ROBIN TROWER

(Robin Trower)

Robin Trower steht und stand nie so im Rampenlicht wie manche andere "Guitareros" seiner Klasse, mit denen er es durchaus aufnehmen kann. Nach fünf Alben mit Procol Harum ging er seine eigenen Wege, deren klassisch-progressiv angehauchter Sound war nicht so wirklich sein Ding, obwohl seine Handschrift manchmal schon zu erkennen war. Er stieß übrigens erst nach dem weltweiten Mega-Hit *A Whiter Shade Of Pale* (siehe eigener Eintrag) zu der Gruppe.

Mit seinen ersten, durchaus erfolgreichen Solo-Alben kreierte er einen unverkennbaren, packenden Sound – seine oft schleppende, teilweise an Hendrix erinnernde Gitarre (immer diese blöden Vergleiche ...) drückten den Songs ihren einzigartigen Stempel auf, immer im „Power-Trio" Format eingespielt, dem er zeitlebens überwiegend treu blieb bzw. bleibt, denn zum Glück gehört er trotz gesundheitlicher Rückschläge zu den alten Helden, die noch leben und uns weiterhin mit ihren Künsten erfreuen. Im Laufe seiner langen Karriere und vieler toller Alben wandte er sich mehr dem „normalen" Hard/Blues Rock zu, immer erstklassig, aber nicht immer mehr so „unverkennbar". Obwohl er auch hin und wieder selbst singt, holt er seine starken Partner (z. B. auch Jack Bruce) meist nicht nur dafür und lässt lieber seine Gitarre in ausgedehnten Instrumentalpassagen für sich sprechen

Die Seufzerbrücke (**Bridge Of Sighs**) beginnt mit schrillen, sirrenden Tönen, Synthesizer vermutlich, bevor seine Gitarre und imponierender Gesang einsetzen. Der sich oft wiederholende Riff und diese schwebenden, sirrenden Töne im Hintergrund schaffen eine faszinierende, schwermütige Atmosphäre, später noch durch Windgeräusche verstärkt, die nahtlos zum nächsten Song überleiten.

Diese Seufzerbrücke mag nicht jedermanns Geschmack sein, muss auch nicht, aber ich kann diese Brücke bis in alle Ewigkeit immer wieder gerne überqueren und wer sie nicht kennt, dem sei dieser Schritt wärmstens empfohlen.

CALIFORNIA DREAMIN' – THE MAMAS AND THE PAPAS
(Phillips, Phillips)

Nach der ersten englischen Beat-Explosion war die Zeit reif für sanftere Töne und amerikanische Künstler machten sich wieder mehr bemerkbar (Beach Boys z. B. – und mal ganz abgesehen vom grundlegenden Einfluss des Blues und damit verbundenem Rock 'n' Roll und Soul). Etwa zur gleichen Zeit entstanden wie *Mr. Tambourine Man* von den Byrds (siehe da), brauchte dieser herrlich luftig-lockere Ohrenschmaus etwas länger, um sich zum großen Hit zu mausern, gefolgt von dem noch größeren Hit *Monday, Monday* (und einigen weiteren) – diese bezaubernde Mischung aus Folk, Beat und himmlischen Melodien eroberte die Welt.

The Mamas and the Papas (extra mit "The" geschrieben, das gehört hier definitiv zum Namen dazu) könnte man fast als vorweggenommene Abba (was sollen nur diese blöden Vergleiche?) bezeichnen, wenn auch musikalisch völlig anders gelagert.

Zwei Frauen und zwei Männer bildeten eine hervorragende „vocal group", nur John Phillips spielte auch selbst Gitarre, aber ihre meisten Lieder komponierten sie selbst in verschiedenen Konstellationen, und das auch für andere Musiker (siehe *San Francisco* von Scott McKenzie), mit denen sie sich auch gegenseitig aushalfen. Auch Barry McGuire (siehe *Eve of Destruction*) gehörte zu diesem Dunstkreis – seine frühe Version von **California Dreamin'** war kein Erfolg. Für diese wunderbare Melodie braucht es einfach himmlische Engelsstimmen und -harmonien. Selbst einem Beatles-Song (*I Call Your Name*) konnten sie damit noch ihren individuellen Stil verpassen.

Nur wenige Jahre lang war dieses Vierergespann ein „big seller", in denen sie ihre deutlichen Spuren gelegt haben.

Im Gegensatz zu ihren fröhlich, manchmal vielleicht etwas melancholisch stimmenden Liedern ist ihre Geschichte nicht sehr erfreulich. John und Michelle Phillips ließen sich scheiden, die Gruppe löste sich auf und Solokarrieren aller Mitglieder waren nur sehr bedingt erfolgreich, zumindest was die Musik betrifft. Alle oder keiner.

Die beiden Damen hatten außer ihren Engelsstimmen zwei weitere besondere Merkmale – „Fat Mama Cass" (Elliot) mit der etwas prominenteren Stimme wusste mit ihrer Leibesfülle zu kokettieren und humorvoll umzugehen, mit dieser Stimme kein Wunder, und hatte eine kurze, insgesamt mittelmäßig erfolgreiche Solokarriere, bevor sie leider viel zu früh in noch jungen Jahren in London verstarb – in demselben Raum, in dem auch Keith Moon von den Who seinen letzten Atemzug tat!

Das Appartement war von Harry Nilsson gemietet, der mit *Without You* einen Riesenhit hatte (kennt auch jeder – komponiert von zwei Badfinger Musikern, der ersten Band auf dem Apple-Label der Beatles …). Bei leichten Recherchen kommt man von Hölzken auf Stöcksken oder erinnert sich wieder.

Michelle Phillips' Stimme stand der von Mama Cass kaum nach, aber ihr ausnehmend hübsches Aussehen verhalf ihr zu einer durchaus beachtlichen Schauspielerlaufbahn, nicht zuletzt unterstützt von ihrem Talent. Sie ist heutzutage die einzige überlebende „Mama und Papa".

Hat man mal schlechte Laune … dann hört man einen Song der Mamas und Papas (mal ohne „the" geschrieben) und das Problem ist gelöst.

Selbst ein mieser *Monday, Monday* („ … jeder andere Tag der Woche ist gut …" – ihr wunderbarer zweiter und größter Hit) kann damit gerettet werden, aber seine Seele in der Ewigkeit baumeln und träumen zu lassen, nicht nur von Kalifornien, geht mit **California Dreamin'** am besten, auch im Winter, der damit zum ewigen Sommer wird.

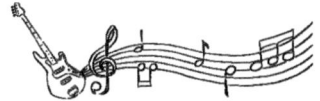

CHILD IN TIME - DEEP PURPLE

(Ritchie Blackmore, Ian Gillan, Roger Glover, Jon Lord, Ian Paice)

Ach nee, nicht schon wieder, wird jetzt manche/r denken. Aber das mag auch nur meinem Alter geschuldet sein, möglicherweise ist *Smoke on the Water* in den Ohren vieler Leute noch besser festgeklebt. Zu seiner Zeit war **Child in Time** auf jeden Fall eine Hymne, die auf keiner Rock-Party fehlen durfte, und ist auch heute noch eine Rock-Hymne für die Ewigkeit.

Mit leisen Tastentönen von Jon Lord beginnend, steigert sich dieses Jahrhundertwerk bis zum markerschütterndern Kreischen von Ian Gillan in bis dato nicht gekannter Weise und hinterließ nach erstem Hören atemlose Stille, mit der Sucht nach Wiederholung, und noch ein Mal, und noch ein Mal …

Und auch nach -zig hundertstem Male wird dieser Song nicht langweilig, präsentiert von Musikern, die zu den größten ihres Fachs gehör(t)en. Die Klassikaffinität von Jon Lord (einer der besten „Tastenklempner" aller Zeiten) ist wie in vielen Deep Purple-Songs spürbar, ohne Oberhand zu gewinnen (und einer der wenigen Musiker, dessen Tod mir reichlich Tränen in die Augen getrieben hat) und Ians Stimme kommt in keiner Umgebung (auch nicht bei Black Sabbath z. B.) so zur Geltung wie bei Deep Purple, da gehört er hin. Kann jemand besser kreischen als er in diesem Song? Bei diesem fast schon hypnotischen Grundrhythmus ... tata-taaa, tata-taaa ... mal von diesem Instrument vorgetragen, mal von jenem, mal von allen, zieht sich fast durch das gesamte Opus, unterbrochen nur von Ritchies epischem, grandiosen Gitarrensolo, einem der allzeit-besten, und dann schließlich der sich langsam aufbauende, gewaltige Schlussakkord – da bleibt kein Auge trocken, wenn man richtig, ich meine richtig, zuhört und das Kind sich in seine Gehörgänge und sein Gemüt einfressen lässt. Basierend auf *Bombay Calling* von It's A Beauttiful Day, ist es aber nicht „geklaut".

Es gibt hier übrigens kein „Kind in der Zeit", wie Fritz Gruber in seinem wundervollen Buch* ausführlich erklärt, sondern das Kind wird mit der Zeit schon sehen, was los ist ...

Deep Purple kommt die Ehre zuteil, zwei Mal in diesem Buch aufzutreten, wie nur insgesamt zwei Interpreten überhaupt. Das wollte ich eigentlich vermeiden, um ein möglichst breites Spektrum auch an Künstlern zu bieten, aber manchmal geht es nicht anders.

A song in eternal time - an eternal song in time! In Fels gemeißelt, wie das fantastische Cover des Albums *Deep Purple In Rock*, aus dem **Child in Time** stammt. In Fels gemeißelt für die Ewigkeit – und der Durchbruch für diese wegweisende Truppe.

---

* Fritz Gruber: 1000 Mal gehört – 1000 Mal fast nix kapiert / Quinto, Möllers & Bellinghausen Verlag GmbH, quinto-verlag.de, ISBN 978-3-89835-750-0

COAST TO COAST - DUCKS DELUXE
(Nick Garvey, Sean Tyla)

Aus dem Dunstkreis um den (leider) erfolglos hochge-
hypten Brinsley Schwarz und dessen Gruppe gleichen
Namens entstanden, könnte man Ducks DeLuxe als
den Archetyp des Pub Rock bezeichnen, eine Stilrich-
tung, die irgendwie zwischen den Stühlen saß und nie
den ganz großen Durchbruch schaffte, da kam dann
der Punk zuvor, der durchaus auch darin ein paar Wurzeln hatte.

Spaß, Rock und Rock 'n' Roll standen auf der Fahne
aller Pub Rocker, nomen est omen. Große Hallen waren nicht ihre Bühnen, sondern eher kleine Pubs, in
denen der Schweiß und das Bier in Strömen flossen.
Gleich der erste Song des ersten von zu wenigen Alben
der Luxusenten zeigt, wo es lang geht – ein verhalltes,
leises Anzählen, wie zufällig aufgenommen, dann
rockt und rollt es los, dass auch dem zurückhaltendsten
Hörer gleich alle Glieder zucken müssen. Ein toller
Beat, ein fetter Rock, etwas nuschelnder, kräftiger
Gesang, flirrende Gitarre mit tollem Solo, unwider-
stehlicher Rhythmus – das hat mich nach drei Takten
zum großen Entenfan für alle Zeiten gemacht. Das ist
Musik, das ist absolut begeisternd! „All right kids, are
you ready?" Und wie, ab geht die Post!

Auch alle anderen Tracks dieses fantastischen Debut-
Albums bringen dieses Gefühl rüber, das gilt genauso
für die langsameren Nummern, der Glanz der Entenfe-

dern lässt sich nicht so einfach abwischen. Der kommerzielle Erfolg blieb aus und bald hatte die Ente ihr letztes Ei gelegt. Aber daraus schlüpften einige sehr beachtenswerte Truppen, die Tyla Gang oder Motors zum Beispiel, und/oder die Musiker bereicherten andere Gruppen wie Graham Parker & the Rumour.

Wow, what a heritage! Ich muss mal wieder ins Englische abdriften, da sagt sich manches leichter.

Der Pub Rock hatte allgemein das Problem, die feucht-fröhliche Stimmung und den „live-drive" im Studio nicht so richtig rüberbringen zu können, Ausnahmen bestätigen die Regel.

Die ganz große Ausnahme und eins der höchst unterbewerteten Alben aller Zeiten ist Ducks DeLuxe. Ein Garant als Schlechte-Laune-Killer.

Es rockt und rollt und schwingt von der ersten bis zur letzten Note, von Küste zu Küste, mit der alten Gitarre – und dazwischen die Ewigkeit und der Gitarre spielende Geist (Text).

DEAR JEAN (I'M NERVOUS) - CITY BOY
(Lol Mason, Mike Slamer)

Diese britische Truppe dürfte vielen unbekannt sein, fürchte ich, und das leider zu unrecht. Mit ihrem Stil aus "starken Melodien, cleveren Texten, komplexen Vokalarrangements und fetzigen Gitarren" saßen sie vermutlich in ihrer Zeit ab Mitte der 70er Jahre etwas zu sehr zwischen vielen Stühlen, um richtig großen Erfolg zu haben.

Diese Charakterisierung trifft voll in Schwarze und ich war mal so frei, dies so von der englischen Wikipedia-Seite zu übersetzen – danke dafür und überhaupt. Und ganz besonders trifft diese Charakterisierung auf **Dear Jean (I'm Nervous)** zu.

Fette Gitarren, zahlreiche Breaks, ruhige Passagen, ein wunderbarer Refrain („Deeeeaaaaar Jeeeeaaaaan"), besagte Vokalarrangements, dieser Song hat mich vom ersten Hören an vom Hocker zwischen den Stühlen gerissen und tut es immer noch. Wie gerne habe ich mir damals in der Disko (den „Keller" in Dortmund verbinde ich ganz besonders damit – keine „Disco"-Disko, sondern eine, wo so richtig die Post abging) dazu (und zu vielen anderen) Arme und Beine aus dem Leib gezappelt inklusive gewaltiger Windmühlen-Luftgitarre bei dem gnadenlosen Riff/Refrain, aus tranccähnlichen Schritten der ruhigeren Passagen erwachend …

City Boy sind ein gutes Beispiel für „Perlen vor die Säue" – ihre guten Alben und viele klasse Songs hätten definitiv mehr Aufmerksamkeit verdient gehabt. Wäre da nicht die Sache mit den Stühlen, vielleicht …

Manchmal kann es des Guten etwas zu viel sein, um auf dem richtigen Stuhl zu sitzen. Es lohnt sich, die vielen Stühle mal abzuklappern.

Die liebe Jean* sitzt auf jeden Fall auf dem richtigen Stuhl und kann mich gerne bis in alle Ewigkeit nervös machen und vom Hocker hauen, immer wieder.

---

* (Dass meine erste Freundin in London, etwa 10 Jahre vorher, auch Jean hieß, fiel mir erst später mal irgendwann auf und hat nichts mit meiner Vorliebe für dieses Hammer-Stück zu tun.)

EIGHT MILES HIGH –
NEIL MERRYWEATHER

(Gene Clark, Jim McGuinn, David Crosby)

Diesen Song werden die meisten mit den Byrds assoziieren (die auch ihren Eintrag in diesem Buch haben, ironischerweise nicht mit einem von ihnen komponierten Song, wie diesem) – falls sie ihn überhaupt kennen, was „jüngere Semester" angeht.

Die Originalversion der Byrds ist klasse, und es gibt zahlreiche Coverversionen (von denen ich viele nicht kenne, da gibt es was nachzuholen), der Song an sich ist ein Vermächtnis für die Ewigkeit, der man in acht Meilen Höhe schon etwas näher ist.

Der kanadische Sänger, Bassist, Songschreiber, Produzent und Tausendsassa mit vielen eigenen Alben und viel Arbeit im Hintergrund (s. a. Mama Lion) interpretiert den Song in seiner Fassung nicht wirklich neu, sondern setzt einfach auf den Jingle-Jangle-Sound der Byrds einen kräftigen, fetten Rock-Sound, das lässt die Meilen noch etwas höher fliegen, wobei der Sound eben mehr „down-to-earth" ist, einschließlich Flanging-Gitarre zu Beginn … heißt das so, oder war das Leslie … OK, Leslie wurde eher für die Hammondorgel benutzt, aber für Gitarren auch (Wikipedia weiß (fast) alles) und auch einschließlich Wah-Wah-Gitarre. Aber hier ist „Flanging" richtig.

Dies sind meine acht Meilen für die Ewigkeit, die ruhig etwas länger hätten ausfallen dürfen – Neils Version hat die Vorlage, die dreieinhalb Minuten auf mindestens acht auszudehnen, leider nicht genutzt (das haben z. B. Golden Earring mit ihrer fast 19-minütigen Live-Version getan, mit Drum- und Bass-Solo usw., absolut nicht schlecht, aber insgesamt nicht so auf den Punkt gebracht). Acht Minuten wären für acht Meilen genau die richtige Länge ...

EPITAPH - KING CRIMSON
(Robert Fripp, Michael Giles, Greg Lake, Ian McDonald, Peter Sinfield)

Das erste Album von King Crimson hatte nicht nur ein spektakuläres Cover für die Augen, sondern ebenso spektakuläre Musik für die Ohren zu bieten.

Nicht nur die Songs im Einzelnen, sondern das gesamte Album ist ein Paradebeispiel für gewaltige Dynamik. Dynamik ... ich wiederhole mich, aber gerne.

Auch wenn der bekannteste Song dieses epochalen Meisterwerks vermutlich *21st Century Schizoid Man* ist, ist für mich **Epitaph** DER überragende Song für mehr als eine Ewigkeit.

Seine sanft schwebenden, ätherisch verzehrenden Mellotron-Töne (ein damals neues Musikinstrument), gepaart mit anderen zu der Zeit für Rock-Musik ungewöhnlichen Instrumenten, die rollenden Drums, Greg Lakes bewegende Stimme und nicht zuletzt der Text schaffen eine ungewöhnliche, packende Atmosphäre, die zumindest mich für immer in ihren Bann gezogen hat.

Dies ist ein Song, bei dem ZUHÖREN ganz groß geschrieben werden muss, in den man eintauchen muss und sollte, jedem einzelnen Ton folgend, jedem Tempo-/Stimmungswechsel, jedem Instrument und jedem Wort des Textes.

„The fate of all mankind, I see, is in the hands of fools." (Das Schicksal der gesamten Menschheit ist, wie ich sehe, in den Händen von Narren.) Dem ist nichts hinzuzufügen und dieses ewig gültige Statement ist heutzutage aktueller denn je – und steht in gewisser Weise im Gegensatz zur melancholisch-hinreißenden Melodie. Aber Melancholie ist beim Zustand unserer Welt ja durchaus angebracht.

Nomen est omen – auch **Epitaph** soll bei meiner Beerdigung gespielt werden, wie einige wenige andere Songs.

EVE OF DESTRUCTION - BARRY MCGUIRE
(P.F. Sloan)

Ein Standard. Eine Eintagsfliege (obwohl Barry McGuire viele, viele Alben veröffentlicht hat, die ich alle nicht kenne). Überraschenderweise ein weltweiter Riesenhit in den fröhlichen, aufstrebenden, zukunftsorientierten 60er Jahren in der heraufdämmernden Flower-Power-Vorzeit.

Da passte dieser anklagende, pessimistische Text irgendwie gar nicht. Kein „Liebe-Herz-Schmerz" Text, sondern „Vorabend der Vernichtung" und heute so aktuell wie eh und je, mehr noch, wenn auch mit etwas anderer Gewichtung. Und solange es die Menschheit gibt, wird dies auch so bleiben, also nicht für die Ewigkeit …

In den 60ern war man offen nach allen Seiten und vermutlich haben auch damals schon manche erkannt, dass dieser Song die „ewigen" Probleme der Menschheit treffend beschreibt. Als Anti-Kriegs-Song wurde **Eve of Destruction** zu diesen Zeiten des Vietnam-Kriegs von manchen „patriotischen" US-Radiosendern verbannt, was dem Erfolg zum Glück keinen Abbruch tun konnte, vielleicht sogar noch zusätzliche Publicity einbrachte.

Musikalisch gibt **Eve of Destruction** nicht viel her, nistet sich aber doch sofort nachdrücklich in den Gehörgängen ein. Die leicht raspelnde, eindringliche Stimme des amerikanischen Barden, die unterlegte akustische Gitarre, Harmonikaparts und der an militärische Marschmusik erinnernde Rhythmus bilden eine unwiderstehliche Mischung, die dem Text Nachdruck verleiht.

Für diesen Geniestreich verleihe ich Barry McGuire eine Ewigkeitsmedaille. Na gut, eine halbe, die andere Hälfte bekommt der Komponist, das muss auch mal sein. Er hat auch viele, viele andere Hits für viele andere, weit bekanntere Größen (nix gegen Barry) geschrieben.

(EVERYTHING I DO) I DO IT FOR YOU - BRYAN ADAMS

(Bryan Adams, Michael Kamen, Robert John "Mutt" Lange)

Der Kanadier Bryan Adams hatte schon so manchen Hit, vor allem jenseits des großen Teichs, bevor er mit diesem Mega-Hit den endgültigen weltweiten Durchbruch erzielte, damit eine der meist verkauften Singles aller Zeiten, Nr. 1 in vielen, vielen Ländern rund um den Globus schuf und bis heute (2020) die Single mit den meisten ununterbrochenen Wochen (16) an der Spitze der UK-Charts!

Diese wundervolle Liebesballade ist aber auch einfach zu schön, schön, schön! Text und Melodie lassen das Herz aufgehen wie selten bei einem Song, es möchte nie mehr zugehen.

In einer „Ecke" mit Rod Stewart, in gewisser Weise, kann Bryan Adams alles von weich bis heftig, spielt außerdem selbst ausgezeichnet Gitarre, im Unterschied zu Rod. Ach, immer diese Vergleiche, das hat Bryan gar nicht nötig, ergänzt sich aber in manchen Duetts mit Rod (und anderen) auf ganz hervorragende Weise. Er kann auch mal das attraktive Kratzen aus seiner Stimme herausnehmen und portionsweise wieder hinzufügen, ein ganz besonderes Talent. Ein Schmuse-Rocker besonderer Güte, wobei mal SCHMUSE und mal ROCKER groß geschrieben wird, eben oft in unerreichter Kombination nicht nur daraus, sondern auch aus Rock und Melodie.

Neben vielen eigenen, unvergesslichen Songs beweist er mit seinem Album *Tracks Of My Years* (herrliches Wortspiel, Kenner wissen Bescheid), dass er auch großartige Songs anderer Künstler nicht nur einfach covern, sondern ihnen seine eigene Seele einverleiben kann.

Nicht nur, aber auch weil **(Everything I Do) I Do It For You** „unser" Song war, während meine beste aller Ehefrauen Lucy (In The Sky With Diamonds) und ich uns rund um den halben Erdball Briefe schrieben (mit Umschlag, Briefmarke usw. und diesem Song auf Kassette), bevor wir uns in „echt" kennenlernten und heirateten, ist dies einfach ein Liebesbeweis für alle Ewigkeiten, wie er schöner und eindringlicher kaum sein kann (falls doch ... siehe *I Do* von Frankie Miller).

EXCERPT FROM A TEENAGE OPERA - KEITH WEST

(Philwit, Hopkins)

Der Gruppe Tomorrow war kein großer Erfolg beschieden, obwohl sie mit ihrem psychedelisch angehauchten Song *My White Bicycle* zwar keinen Hit landeten, aber immerhin einige (verdiente) Beachtung fanden.

Gitarrist Steve Howe machte später eine erfolgreiche Karriere vor allem mit der Band Yes, in geringerem Maße als Solokünstler. Und Sänger Keith West gelang zu Flower-Power-Zeiten dieser überraschende Riesenhit, ein typisches „One-Hit-Wonder". Die Nr. 1 blieb dem Song verwehrt, der sich mit dem respektablen zweiten Platz begnügen musste und allemal einen Eintrag für die Ewigkeit rechtfertigt – nicht der Platz, sondern der Song.

Mit leichtem Geklimpere beginnend, das an einen Jahrmarkt denken lässt, entwickelt sich eine wunderschöne, einschmeichelnde Melodie, die durch einen „niedlichen" Kinderchor verfeinert wird, weit vor Pink Floyds *The Wall* – zu der Zeit ein absolutes Unikum.

Die traurige Geschichte des alten Dorfkrämers passt nicht so wirklich zur herrlich fließenden, eher fröhlichen Melodie. Damals verstanden wir deutschen Musikfans oft noch wenig vom Text und sangen schon mal belustigt mit: „Großer Jack, kleiner Jack" … Grocer Jack, der alte Krämer, ist gestorben (nur so kann man den Text interpretieren) und nun wünschen sich die Leute, sie hätten ihn mit mehr Respekt behandelt, als seine täglichen Lieferungen nur als bloße Routine zu behandeln. Und nun stehen sie da und weinen, ratlos …

Einmal gehört, wird man den Kinder-Refrain trotz der betrüblichen Botschaft kaum mehr los. Die tatsächlich geplante „Teenage Opera" (zu der auch der teilweise orchestrale Sound passen würde), aus der dieser wunderbare Song als „Auszug" stammen sollte, wurde nie verwirklicht.

Halt, das stimmt nicht ganz so ganz – erst jetzt stoße ich darauf, dass es „A Teenage Opera" als Soundtrack gibt, ca. 30 Jahre später veröffentlicht mit einer Ansammlung von Singles diverser Interpreten, die mehr oder weniger gut zum Thema passen, alle von Mark Wirtz komponiert wie natürlich auch Grocer Jack, unter dem Pseudonym Philwit und in diesem Falle in Zuammenarbeit mit Keit West, dessen richtiger Name

Hopkins ist. Da muss ich mal etwas weiter nachforschen. Man lernt nie aus. [Ich habe nachgeforscht/gehorcht, und war leider enttäuscht.] Und ich habe in meinem Archiv noch eine „Version" entdeckt, die mit „two, three, four", jeweils mit einem Beat unterlegt, angezählt wird, bevor das „Geklimpere" beginnt, Sachen gibt's ...

Möglicherweise hörte sich dieser Titel der Hit-Single einfach nur interessanter an als „Krämer Hans" (Grocer Jack). Und möglicherweise, das sage ich jetzt mal so ohne großartige Recherche und mag damit falsch liegen, war dies auch eine Initialzündung für die Rock-Oper *Tommy* der Who und inspirierte auch den oben erwähnten Kinderchor von Pink Floyd.

So oder so haben sich der alte Krämer und sein Vermächtnisverwalter Keith West damit ihren Platz für die Ewigkeit gesichert.

FAITH HEALER -
SENSATIONAL ALEX HARVEY BAND
(Alex Harvey, Hugh McKenna)

Diese schottische Truppe stand außerhalb Großbritanniens nie groß im Rampenlicht und war auch nie ein großer Hit-Lieferant, aber ein Lieferant einiger sehr solider, teilweise großartiger und abwechslungsreicher Alben.

Irgendwo zwischen Glam und Fun/Hard Rock angesiedelt, mit leichter, vorweggenommener Punk-Attitüde und schrägen Bühnen-Klamotten, saßen die versierten Musiker in den 70er Jahren zwischen allen Stühlen. Trotzdem hatten sie ihren ganz eigenen Stil, der sich paradoxerweise in großer Vielfältigkeit, aber trotzdem unverkennbarem Sound äußerte.

Ihr charismatischer Leadsänger und Namensgeber verstarb leider viel zu früh 1982, da gab es die Band aber schon nicht mehr.

Das pulsierend-pumpende Intro dieses Songs dauert so lange, dass man meinen könnte, die Platte hätte einen Sprung, mit leichten Percussionklängen im Hintergrund, bis nach und nach einige Instrumente einsetzen, inklusive einiger Zirp- und weiterer Percussiongeräusche. Der pulsierende Grundrhythmus verstärkt sich immer mehr, wird zum fetzigen Riff, Alex Harvey lässt seine starke Stimme hören, durch Chorgesang unterstützt und die Schotten machen dieselben weit auf, ohne an fettem Rock zu geizen.

Schwierig mit Worten zu beschreiben – aber wer mehr als 7 Minuten lang diesem Puls gelauscht hat, wird ihn kaum mehr vergessen.

Auch wenn der Glaubensheiler Alex' frühen Tod nicht verhindern konnte, bleibt der Glaube an ewig gute Musik. Und die hat die Sensational Alex Harvey Band nicht nur, aber meiner Meinung nach vor allem mit diesem Song abgeliefert.

FATHER OF NIGHT –
MANFRED MANN'S EARTHBAND
(Bob Dylan)

Ein großer Schritt für Manfred Lubowitz, sich im zarten Alter von 21 Jahren nach London zu begeben, ein gewaltiger Schritt für die Musikgeschichte.

Der Jazz-Pianist hatte die Nase voll vom Apartheid-System in Südafrika und spielt seitdem als Manfred Mann eine äußerst beeindruckende und eindrucksvolle Rolle im Musikgeschäft – außer seinen zahlreichen Tasteninstrumenten natürlich, Orgel, Piano, diverse Synthesizer und speziell den Minimoog und einfach alles, was Tasten hat. Mit seiner dicken Hornbrille und nie wirklich langen Haaren sah und sieht er aus wie der unauffällige Buchhalter von nebenan, aber ist eine prägende Persönlichkeit der Beat- (damals) und Rock-Szene (heute).

Manfred hat seinen Namen immer in den Vordergrund gestellt, sich selbst aber eher im Hintergrund gehalten. Als Tastendrücker und Strippenzieher in den Kulissen, hervorragender Arrangeur, Komponist und Produzent zeigt er, wo's lang geht und hat das große Talent, ausgezeichnete Musiker um sich zu scharen und außer eigenen vor allem auch die Kompositionen anderer Künstler (auch „klassischer" Komponisten) so zu bearbeiten, dass sie in völlig neuem Licht oder besser Soundgewand erscheinen bzw. zu erhören sind.

Die zahlreichen Hits der Gruppe Manfred Mann sind ein nicht wegzudenkender Bestandteil der 60er Jahre. Ein Unikum – eine Gruppe mit dem Namen eines Individuums. „Wer ist denn eigentlich Manfred Mann, der tolle Sänger?" „Nein, der da hinten …"

Das folgende Kapitel 3, Manfred Mann's Chapter III, war mit seinem eklektischen Jazz-Rock zu weit abseits, um außer einigen wohlwollenden Kritikerstimmen Erfolge zu ernten. Dann kam der ganz große Wurf.

Manfred Mann's Earthband vereint Rock und Melodie auf absolut einzigartige Weise, kein Hard Rock, kein Metal, kein Pop, trotzdem meist fetzig und rockig und oft mit unvergleichlichem „Twin-Sound" von Gitarre und Tasteninstrumenten. Glatt, präzise, rockend, eingängig, fließend, schwingend, aber nicht seicht oder belanglos – einfach Manfred Mann's Earthband, tolles Logo obendrauf. Der Sound der Erde.

Mit wechselnden Besetzungen, aber in sich immer konstant (vielleicht versteht jemand, was ich meine) füllte die Band zeitweise große Hallen und Arenen, tourt immer noch durch auch kleinere und kleine Veranstaltungsorte und begeistert die große Fangemeinde nach wie vor. Von Manfred Mann himself sieht man dabei meist nur seinen Schlapphut, den er seit geraumer Zeit gerne trägt und der so gerade über seinen Keyboard-Turm hinaus ragt. Ab und zu traut er sich mit seinem Umhängekeyboard (auch „Keytar" genannt, wieder was gelernt) auch mal nach vorne. Die Live-Shows sind ebenso genial gut wie die Alben, muss eigentlich nicht extra erwähnt werden, aber ich tue es trotzdem für alle, die das Vergnügen noch nicht hatten.

Wieder mal fällt die Wahl nicht leicht, viele Songs sind sooo herrlich und die anderen immer noch so herrlich, gehen runter wie gut gesalzene Butter, aber sie muss getroffen werden.

Einmal mehr eine Komposition von Mastermind Bob Dylan, zu dem ich mich schon mehrfach geäußert habe und vermutlich ist er der Komponist, dessen Werke in diesem Buch am häufigsten vorkommen.

Knapp 10 Minuten Ohrenschmaus vom Feinsten – das bietet **Father Of Night** (auch mal *Father Of Night, Father Of Day* genannt), mit leisem, ätherischem Gesang beginnend, ein kurzes Orgelgewitter gefolgt von schönstem Orgelsound ohne Gewitter, dann der klasse Gesang, Keyboards in tollem Wechselspiel mit der Gitarre in diesem typischen Manfred Mann's Earthband-Sound, Drums nicht zu vergessen natürlich. Perfekt in Melodie und Rhythmus, mit starken Riffs zwischendurch. Was rede ich groß, das muss man hören!

Die Erde wird es nicht ewig geben, aber der Vater der Nacht und des Tages wird auch in der Ewigkeit ein Wörtchen mitreden, da bin ich sicher – vielleicht ist er sogar die Ewigkeit selbst.

FLY LIKE AN EAGLE - STEVE MILLER BAND

(Miller)

Gut Ding will Weile haben, das gilt auch ganz besonders für die "Stefan Müller Kapelle", wie wir sie früher manchmal scherzhaft nannten. Verwurzelt im Blues und in San Francisco gegründet, waren schon die ersten Alben mit ihrem leicht psychedelischen Touch und locker schwingendem Sound und ungewöhnlichen

Melodien und Zutaten (wie z. B. ein Nebelhorn) abseits des Mainstreams, nicht sehr erfolgreich und hierzulande kaum bekannt. Damals durch einen Freund auf die Spur gebracht, als noch „kein Schwein" die Steve Miller Band kannte, verfolge ich diese (Spur und Band) konsequent bis heute (das würde bedeuten, dass mein Freund ein Schwein war – ganz und gar nicht!).

Steve ist nicht der große Ego-Star, aber der Chef – die Mitglieder seiner Band fluktuieren, er sagt, wo's lang geht und schreibt die meisten Songs, ist ein hervorragender Guitarrist, Sänger und auch Keyboarder. Seine Songs und Musik sind … seine Songs und Musik, kein Hard Rock, kein Weichspül-Pop, sondern Steve-Miller-Rock mit seiner eher sanften, sehr angenehmen Stimme, seinem Understatement-Gitarren-Stil ohne ausladende Soli, eine sonderbare und sonderbar gute Mischung aus allem Möglichen, auch spacige Einlagen bindet Steve perfekt ein. Eine wahre Kunst, aus so vielen eher indifferenten Zutaten diesen typischen und einzigartigen Sound zu kreieren. Spektakulär weil unspektakulär!

Es ging langsam aufwärts, Qualität und Beharrlichkeit zahlen sich oft aus – *The Joker* ließ erstmals auch international aufhorchen, bevor dann ab Mitte der 70er mit einigen Mega-Alben der vorübergehende Status des Mega-Stars begann, der auch große Stadien so locker-rockig füllte wie die Musik war.

Fly Like An Eagle war das Album und der Song, der die große Karriere in die Luft hob. Diese Wahl ist mal wieder ein „Standard" – aber was macht schon einen Standard aus, wenn nicht exzellente Qualität und Welterfolg? Der Adler hob ab mit einer Punktlandung auf den oben genannten Elementen – so unmöglich das zu sein scheint, so wunderbar leicht erhebt er sich immer wieder in die Lüfte.

Wer wollte es Steve schon verdenken, dass er diese Erfolgsformel für einige weitere Hits und Hit-Alben „kopierte", ich schon gar nicht, bevor es ruhiger um ihn wurde? Bis heute produziert er gute bis sehr gute Musik, wie anfangs seiner Karriere leider inzwischen wieder eher wenig beachtet und abseits des Mainstreams; er hat seinen ganz eigenen Mainstream, in den es sich einzutauchen, vielleicht sollte ich besser einzufliegen sagen, lohnt.

„Time keeps on slippin' ... into the future ..." und die Zukunft ist die Ewigkeit, in der der Adler auf ewig seine Kreise zieht.

FREE BIRD - LYNYRD SKYNYRD
(Allen Collins, Ronnie van Zant)

Das Debut-Album dieser wegweisenden Südstaaten-Rocker kam seinerzeit wie eine Wunderkerze aus dem Nichts. Die „Erfindung der Twin-Leadgitarre" gebührt Wishbone Ash (höchst wahrscheinlich), aber diese Truppe mit dem (zunächst) unaussprechlichen Namen (trotz Aussprache-Hinweis im Untertitel) setzte mit bis zu drei Leadgitarren noch eins bzw. eine drauf (s. a. Outlaws).

Das Album strotzt nur so mit starken Songs, aber **Free Bird** (nicht zu verwechseln mit dem posthum-John-Lennon-Beatles-Song *Free As A Bird* mit John's virtueller Beteiligung) mit seinem mehr als 9-Minuten-Ohrenschmaus setzt als Abschluss dem Ganzen die Krone auf.

Mit getragenem Orgel-Intro beginnend (wie anscheinend viele tolle Songs), kommt dann bald die wundervoll ziehend-fliegende Gitarre hinzu und setzt das musikalische Thema und die Richtung, Ronnies starker Gesang kommt hinzu, Rückbesinnung auf das Thema – und etwa ab der vierten Minute entwickelt sich **Free Bird** mit ständiger Temposteigerung zu einem Instrumentalstück der Extraklasse.

Von treibenden Drums unterstützt, fliegen die Gitarrentöne hin und her und/oder erklingen im Duett (oder Terzett mit fließenden Grenzen), „guitar-frenzy" (englische Begriffe treffen es oft am besten) par excellence. Dieser freie Vogel fliegt für die Ewigkeit und das Album insgesamt gilt verdientermaßen als einer der Grund- und Meilensteine des „Southern-Rock".

Auf die wechselvoll-tragische Geschichte der Band und auch die oft kolportierte Entstehung des Namens will ich hier nicht näher eingehen, aber erwähnen, dass Lynyrd Skynyrd bis in die 2010er Jahre viele, viele hervorragende Alben produziert haben und ihrer Linie ungeachtet nicht weniger Personaländerungen immer treu geblieben sind, mit manchen leichten, auch sehr gelungenen „Abwegen" in Richtung Heavy Metal.

Zu dieser Linie gehört auch, dass sie trotz Südstaaten-Gehabe und -Image (ein früher Marketing-Trick ihrer Plattenfirma) keinerlei rassistische oder rechtsgerichtete Intentionen haben – das muss erwähnt werden.

Gitarren und Gedanken sind freie Vögel bis in alle Ewigkeit! Und, nicht verwunderlich, kommt als Textzeile natürlich auch „Free As A Bird" vor, aber die Beatles-Nummer (s. o.) hat nichts damit zu tun.

FROM A DRY CAMEL - DUST
(Kerner, Wise)
Was braucht man schon mehr als Gitarre, Bass, Schlagzeug? Eigentlich nichts, außer vielleicht noch einem Sänger, und wenn eine dieser drei Grundfesten singen kann, auch den nicht. Das haben zahllose gewaltige „Power-Trios" bewiesen und tun es bis heute. Geprägt wurde dieser Begriff vermutlich durch Cream, und weitere will ich gar nicht erst anfangen aufzuzählen, der Platz ist begrenzt (und auch z. B. Led Zeppelin oder Black Sabbath und viele andere sind im Grunde genommen „nur" ein Power-Trio plus Sänger/Shouter). Das amerikanische Dreigespann Dust brachte Anfang der 70er Jahre zwei fulminante Alben heraus, die zum Besten zählen, was Hard Rock/Heavy Metal zu bieten haben und die auch nach fünfzig Jahren absolut nicht angestaubt klingen. Die Zeit war vielleicht noch nicht ganz reif dafür und das bemerkenswerte Cover des ersten Albums mit dem Foto von drei skelettierten, echten Leichen aus einer Grabkammer veranlasste vielleicht manchen, diese Schallplatte mit einem lauten „iiieeh" in die Ecke zu werfen. Alles zerfällt zu Staub, aber nicht diese grandiosen Werke.
Dust waren und blieben weitgehend ein „Geheimtipp", die Wiederveröffentlichung ihres ersten Albums auf dem Backbone-Label meiner damaligen Firma Wish-

bone Records* in den Heavy Metal-lastigen 80er Jahren zeigte aber mit immerhin einigen Tausend verkauften Exemplaren, dass dieser Tipp nicht ganz so „geheim" war und zeitloser Metallstaub war bzw. bleibt.

Drummer Marc Bell machte später als Marc Ramone bei den Ramones Karriere (Rocker turns Punker) und der exzellente Bassist Kenny Aaronson spielt mit allem und allen, was Rang und Namen hat und hatte. Nur der nicht minder begabte Gitarrist (und nebenbei Sänger) Richie Wise verlor bald das Interesse, schade.

Wie bei vielen Power-Trios liegt der Schwerpunkt auf ausgedehnten Instrumentalpassagen, der Gesang ist eher nur schmückendes Beiwerk. Zwei gewaltige Gongschläge leiten **From A Dry Camel** ein, fette Drums und ein ebenso fetter Bass und nochmals ebenso fette Gitarre kommen hinzu, mit einem herrlich melodischen, trotzdem schweren Riff, leichtem Echo, das auch die Stimme unterlegt, bevor sich das Thema immer weiter entwickelt und ausbreitet, unterbrochen von manchen Breaks und immer begleitet vom sehr prominenten Bass, bis das Tempo anzieht und die drei Musiker sich die Seele aus dem Leib spielen, wieder etwas Tempo rausnehmen und wieder anziehen, mit einem Gitarrenfrenzy der Extraklasse und schließlich dem überwältigenden Crescendo zum Schluss. Ein weiteres Lehrstück für Dynamik, Melodie und Metal in Reinkultur.

Das fast 10-minütige Monsteropus **From A Dry Camel** steht anderen epischen Werken wie z. B. *Child In Time* von Deep Purple (siehe da) in nichts nach, wie auch das gesamte erste Album zur Crème de la Crème gehört, wie schon gesagt. Das zweite kommt da nicht ganz heran, wie auch, aber ist immer noch weit über dem Durchschnitt.

Und was hat das Kamel da zu suchen? Der etwas mystische Fantasy-Text gibt keine genaue Auskunft. Wenn die Jungfrau ihr Letztes gegeben hat, muss man sich nicht fürchten, sondern nur das in der Nähe befindliche Kamel sich hinlegen lassen, und „go for a ride."

Das und anderes mag jeder interpretieren, wie er möchte („You see, there's no need to explain"), es spielt keine Rolle. Auf dem Staub dieses ausgetrockneten Kamels kann man bis in alle Ewigkeit reiten, ohne des Ritts müde zu werden.

---

* https://de.wikipedia.org/wiki/Wishbone_Records

GLAD ALL OVER - THE DAVE CLARK FIVE
(Dave Clark, Mike Smith)

Dieser gnadenlos stampfende Rocksong mit seinem Echo-Sound, Mike Smiths hervorragender fast-Shouter-Stimme, dem röhrenden Saxofon und Dave Clarks dominierenden Drums schlug 1964 ein wie eine Bombe, bald gefolgt von dem ähnlichen *Bits & Pieces*, angekündigt durch das vorhergehende *Do You Love Me*, kaum weniger heftig.

Glad All Over verdrängte *I Want To Hold Your Hand* der Beatles von der Spitze der Charts im UK und eine kurze Zeit lang waren die Dave Clark Five die einzige ernsthafte Konkurrenz in den USA für die Herrscher der Pop-Welt dort und dem Rest der Welt sowieso.

Das war kein Mersey Beat, sondern knallharter Beton aus Tottenham, London.

Dave Clark beherrschte nicht nur seine Drums hervorragend, er war – damals (und auch heute noch) absolut außergewöhnlich, Manager und Musiker in Personalunion – und die Jungs, bzw. Dave Clark, besaßen sogar ihr eigenes Großraumflugzeug! Dave Clark war ein ebenso knallharter Geschäftsmann wie seine knallharten Drums und die knallharten frühen Songs – er ließ keinen Penny in den Taschen windiger Manager verschwinden.

Ihre immer adrette Kleidung und ebenso adrettes Aussehen standen im Gegensatz zu ihrem rauen, heftigen Sound, der später auch etwas sanfter werden konnte und sollte, immer mit starken Melodien gepaart, oft auch orgel- und basslastig, Saxofon nicht zu vergessen, wunderbar! Vielleicht gebührt sogar **Glad All Over** und *Bits & Pieces* die Ehre, den „Heavy Metal" erfunden zu haben, und nicht *You Really Got Me* von den Kinks (siehe dort). Darüber mag man streiten, aber das ändert nichts an der Tatsache, dass dies einer der herausragenden Songs nicht nur des Jahres, sondern des Jahrhunderts ist.

Eine gewisse Analogie zu den Kinks – wenn auch nicht musikalisch – besteht übrigens auch darin, dass ihr zweiter großer Hit (s. o.) mehr oder weniger eine (gelungene) „Kopie" des ersten war. Und dass auch sie mit der Zeit sanfter wurden, wenn auch nicht weniger gut. Übrigens die einzige Band, soweit ich weiß, mit zwei verschiedenen, natürlich wunderbaren Stücken (fast) gleichen Namens – *Everybody Knows* und *Eve-*

rybody Knows (I Still Love You). Die Klammer und die Tracks an sich machen natürlich den Unterschied.

Es gab nie (!) Besetzungswechsel der Gruppe unter diesem Namen, auch sehr bemerkenswert, und obwohl sie fast nur Eigenkompositionen spielten, schufen sie zu einer Zeit, als Medleys eigentlich noch gar nicht angesagt waren, mit *Good Old Rock' n' Roll* und *More Good Old Rock 'n' Roll* zwei solche, in denen sie bewährte Standards wie *Sweet Little Sixteen, Long Tall Sally, Blue Suede Shoes, Good Golly, Miss Molly* und, und, und mit ihrem krachenden Dampfhammersound veredelten, gaben auch einige andere Standards in voller Länge zum Besten. Besser geht's kaum, wenn überhaupt.

Bei aller großen Liebe (die Dave Clark Five rangierten damals lange für mich knapp hinter den Beatles und Beach Boys und sind immer noch hoch, sehr sehr hoch geschätzt) muss ich ihrem Filmversuch *Catch Us If You Can* leider den Daumen abwärts zeigen, auch wenn der gleichnamige Song und das Album großartig sind – ein weiterer, etwas späterer Hit, weitaus weniger heftig.

Das mag daran liegen, dass ich dieses Werk erst relativ kürzlich sehen konnte. Auch die Beatles-Filme sind keine große cineastische Leistung, aber haben eben diesen Beatles-Charme und lassen sich auch heute noch gut ansehen … und sind eben von und mit den Beatles. Aber falls die DC5 (wie sie oft abgekürzt genannt wurden) dem nacheifern wollten, ist das gründlich misslungen – vielleicht hätte ich damals (etwas) anders geurteilt, aber der Film war hierzulande nicht zu sehen (möglicherweise aus gutem Grund).

Schwamm drüber, die Musik der Dave Clark Five ist unvergessen und musikalisch gesehen/gehört ist sie ganz großes Ohrenkino. Nicht zu vergessen ein paar spätere Tracks als Dave Clark & Friends, dann auch mit ein paar anderen Musikern.

Dave Clark hockt wie eine Henne auf dem Ei auf den Rechten und so gibt es leider kaum legale Tonträger dieser großartigen Gruppe zu kaufen. (Aber, sehe ich gerade, seit 2019 praktisch die kompletten Werke als Stream – nicht mein Ding, aber wenn's nicht anders geht, sei das jedem empfohlen.) Vielleicht wollte Dave Clark auf die alten Tage seine pralle Kriegskasse noch mal etwas auffüllen … obwohl er für die Ewigkeit genug haben dürfte, und darüber kann er äußerst froh sein.

GOOD VIBRATIONS - BEACH BOYS
(B. Wilson, M. Love)

England gab den Ton an, war die Musikweltmacht, und dann tauchten diese Strandjungs aus den USA mit ihren Surfbrettern auf – und ihrem unvergleichlichen Surfsound mit den wundervollen, kastratenhaften Harmonien, ein Gegenpol und höchst willkommene Ergänzung zur britischen Beat-Dominanz.

Bereits ihr erster Riesen-Hit *Surfin' USA* ließ Großes erahnen, auch wenn er „nur" eine Version von Chuck Berrys *Sweet Little Sixteen* mit anderem Text und mit Dick Dales adoptierter Surfgitarre war – aber so adoptiert, dass hier gleich ein gewaltiger Meilenstein in die

Brandung gestellt wurde. Brian Wilson setzte sich gleich ganz oben auf die Welle und gab die Richtung vor, immerhin wurde Chuck Berry als Komponist genannt, alles andere wäre auch unfair gewesen.

Im UK nahm man vornehm Notiz, aber schon früh gehörten die Jungs zu meiner damaligen „Heiligen Dreifaltigkeit" Beatles-Beach Boys-Dave Clark Five, bis sie mit **Good Vibrations** endlich auch im UK ihren ersten Nr. 1 Hit landeten (ironischerweise mit *Do It Again* ihren zweiten und letzten). [Zufällig, dem Alphabet geschuldet, folgt dieser Eintrag auf den der Dave Clark Five.]

Inzwischen hatte Brian seine kompositorischen Fähigkeiten voll entwickelt und auf die Höhe getrieben, oft nicht unberechtigt als Genius gefeiert. Der Surfsound und die Harmonien bildeten weiterhin die Grundlage, aber er wusste dieses Konzept genial (seufz) auszuweiten.

Oft wurde er mit Lennon/McCartney verglichen, aber er war eben nur einer und ihm fehlte doch der kongeniale Partner, ohne seine großen Verdienste und Fähigkeiten schmälern zu wollen, ich bewundere ihn. Um das legendäre Album *Smiley Smile*, angeblich als Antwort auf *Sgt. Pepper's Lonely Hearts Club Band* konzipiert (oder nur dazu hochstilisiert), ranken sich viele Geschichten; es wurde viel, viel später in seiner angeblich ursprünglichen Form als *Smile* (wieder) veröffentlicht und natürlich kann es wie auch sonst kein anderes Album mit dem Jahrhundertwerk (mindestens) der Beatles mithalten, enthält aber durchaus herrliche Songs und eben auch diese guten Vibrationen im typischen, aber genial (seufz, schon wieder) erweiterten Beach Boys Sound.

Good Vibrations wird bis in alle Ewigkeiten das Universum in gute Schwingungen versetzen, dicht gefolgt von vielen anderen Beach Boys Songs, die auf den unendlichen Schallwellen reiten (die es ja im Universum nicht wirklich gibt, sonder nur als transformierte, schwingende Strahlungswellen).

HALO OF FLIES - ALICE COOPER

(Alice Cooper, Neal Smith, Denis Dunaway, Michael Bruce, Glen Buxton)

Alice Cooper ... Mann, Frau, Androgyn, Band oder was? Erstes und Letztes stimmen. Der ungeschminkt recht harmlos aussehende Bandleader und Solokünstler mit dem Frauennamen Alice Cooper, Sohn eines Predigers und natürlich anderem richtigen Namen, nimmt auf der Bühne die Gestalt eines blutrünstigen Vampirmonsters an, in früheren Zeiten gerne auch mit einer lebenden Boa Constrictor um seinen Hals, und vermengt in seiner einzigartigen Show ebenso blutrünstige Horror-Elemente mit, tatsächlich, ausgezeichneter Musik.

Anfänglich von vielen belächelt oder verachtet, spielte er sich mit seinen frühen Hits *I'm Eighteen* und vor allem *School's Out* ins Rampenlicht, unterstützt von seinen Show-Elementen. Ich nahm diese Hits damals wohlwollend zur Kenntnis, seine etwas raspelnde Stimme und die Mischung aus Rock, Hard Rock, Pop und Glamour (weit vor dessen Zeiten) hatten was, keine Frage. Das schon vor *School's Out* entstandene Album *Killer* entdeckte ich erst etwas später – und es ist ein echtes Killer-Album, das mich vom Hocker riss und es immer noch tut!

Die oben genannten Elemente sind hier in jedem Song perfekt verbunden, ganz besonders in **Halo Of Flies**. Sparsames Intro mit Gitarre und Drums, wunderbar hinzukommender Bass, pumpende Orgel, ein tolles Riff und man denkt schon fast, es sei ein Instrumental-stück, bis Alice dann seine Röhre erklingen lässt, spä-ter Platz für kurzes kombiniertes Drum-/Bass-Solo, macht, auch die Gitarre kommt nicht zu kurz ... und mal wieder ein herrliches Beispiel der von mir so ge-liebten Dynamik, fetziger Rock mit einem gehörigen Schuss Melodie, wie in allen Songs von Alice Cooper (die ich kenne). 8 Minuten Hörvergnügen vom Feins-ten, kaum unterboten von anderen Songs dieses Meis-terwerk-Albums, wie dem Titeltrack oder dem kra-chenden *Under My Wheels*.

Mir war bis vor kurzem gar nicht klar, dass zwischen der Band Alice Cooper mit nur wenigen Alben und dem Solokünstler Alice Cooper mit einer -zigfachen Anzahl Alben unterschieden wird. Der Sound ist zum Glück immer ähnlich, und immer klasse. Das gilt auch für späte Werke, und wenn ich das Bandalbum *Killer* als eins der besten bezeichne oder vielleicht sogar das beste unter diesem Namen, ist das wie immer meine persönliche Meinung, sollte aber in diesem Fall mit ganz besonderer Vorsicht genossen werden – die meis-ten Alben kenne ich nicht. Mal wieder eine Lücke, die es zu schließen gibt.

Wie früher üblich verstand man vom Text oft nur die Hälfte oder gar nichts (s. Buchverweis unter *Child In Time*) und ich dachte eine Zeitlang, der Titel könne etwas mit dem Buch „Herr der Fliegen" (Original „Lord of the Flies") zu tun haben, hat er aber nicht. Vielmehr ist der Heiligenschein der Fliegen eine Metapher für den Tod und gut passend zum Text, wie alles von Alice Cooper mit einem leichten, aber heftigen Augenzwinkern interpretiert.

Oha, dieser Artikel ist viel länger geworden als gedacht, aber das schadet nichts. Alice Cooper hat es verdient, Wegbereiter und Trendsetter für überbordende Bühnenshows (Kiss, Iron Maiden u. a.) und ein Showtalent im besten Sinne, mit großartiger Musik. Mit über 50 Jahren im Geschäft kann man nur hoffen, dass sein **Halo of Flies** noch lange nicht kommt – diese Fliegen mögen die Ewigkeit überdauern.

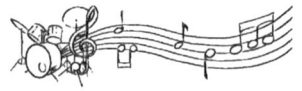

HANDLE WITH CARE - TRAVELING WILBURYS

(Traveling Wilburys)

Wenn es nur eine Gruppe mit dem Etikett „Supergroup" geben könnte, dann diese. Sogar Mega-Supergroup.

Häh? Alle fünf Musiker heißen (nennen sich) Wilbury, mit Vornamen Otis, Nelson, Charlie T., Lefty und Lucky. Und was soll dabei „super" sein?

Fünf Mega-Stars wollten sich mal von ihrem Status lösen und einfach nur das tun, was ihnen Spaß machte.

George Harrison, Roy Orbison, Bob Dylan, Tom Petty, Geoff Lynne – diese Namen muss man erst mal verdauen und natürlich war es ein offenes Geheimnis, das schon durch die Bilder des Albumcovers verraten wurde, obwohl diese Namen nirgendwo offiziell erwähnt sind. Unterstützt von namhaften anderen Musikern und einer hübschen (fiktiven) Geschichte über die Herkunft des Wilbury Clans …

Wenn ich jetzt auf jeden dieser Musiker einzeln eingehen würde, würde das den Rahmen sprengen. Die Leser wissen Bescheid (oder sollten es).

Eine schnell verglühende Sternschnuppe am Pop-/Rockhimmel – **Handle With Care** war ein Hit, das Album auch, das war's so ziemlich, leider. Roy Orbison verstarb, da waren's nur noch vier und machten ein zweites Album mit dem Titel *Vol. 3* – ich liebe solche Spielchen.

Beide Alben gab es nur recht kurzfristig, George hatte die Rechte und wollte die Werke nicht wiederveröffentlichen, warum auch immer. Auf dem zweiten Album hatten die vier verbliebenen Wilburys alle wieder andere Vornamen … es gibt so manche Geschichten dazu, auch Georges Sohn Dani mischt im Hintergrund mit als „Ayrton Wilbury", zu Ehren des Rennfahrers Ayrton Senna, und Gary Moore hat als „Ken Wilbury" auch einen Auftritt. Bei Live-Events kommt es schon mal zu einer Ansammlung solcher Mega-Stars, aber im Studio eher nicht.

Spektakuläre „echte" Namen – wenig spektakuläre Musik, die aber mit ihrem lässigen, herrlich schwingenden Mix aus Rock- und Folkmusik eine deutliche Spur hinterlässt mit dem Wunsch nach mehr und mehr

Wilburys, Wohlgefühl erster Güte. Man muss das gar nicht vorsichtig handhaben und selbst Bob Dylans begrenzte Sangeskünste kommen hier gut zur Geltung, von Roys wunderbar schmelzender, starker Stimme ganz zu schweigen, usw. (seine *Pretty Woman* hätte auch einen Eintrag verdient, wie manche andere Songs, aber ... 100 sind 100, da beißt die Maus keine Saite ab, seufz).

Auch wenn die Sternschnuppe schnell verglühte, taucht sie doch immer wieder auf und die Wilburys mögen auf ihr in die Ewigkeit reisen.

HEARTLESS WORLD - TEAZE

(M. Bradac, M. Kozak)

Die kanadischen Rocker Teaze haben keinen großen Eindruck in den Annalen der Rockgeschichte hinterlassen und sind nicht nur hierzulande kaum bekannt.

Damit teilen sie trotz solider Arbeit das Schicksal so mancher Künstler. Solide Arbeit sowohl was das spielerische als auch kompositorische Können anbelangt.

Ein Ergebnis solider, in diesem Fall mehr als solider Arbeit ist dieser Song, der meiner Meinung nach einen großen Eindruck hinterlässt und sich damit klar für diese Sammlung qualifiziert. Anfänglich lockeres, melodiöses Gitarrenspiel und sehr guter Gesang werden mit einem Break unterbrochen, fortgesetzt, erneut unterbrochen und steigern sich mit heftigem Riff. Ein Solo, das sich ähnlich wie ein Blasinstrument anhört, aber wohl vom Moog kommt, wieder diese schöne

Melodie – fetter Riff, weiter geht's mit starkem Gesang, ekstatischen Schreien des Sängers und der sich immer weiter entwickelnden Melodie. Einfach nur schön, wiederholt gesagt, aber auch fetzig und mehr Pomp-Rock als Hard Rock, doch mit kräftigen Wurzeln, die Post geht gut ab! Der hervorragende Sänger lässt ein echtes Gitarrensolo nicht vermissen.

Nomen est omen – eine Welt, die einen Song solcher Güte in der Versenkung verschwinden lässt, ist wirklich herzlos. Seit langem einer meiner Favoriten, werde ich erst jetzt gewahr, dass dieser Song offensichtlich nicht nur mir gefällt: Er wurde als Soundtrack für zwei Filme benutzt, davon ist einer eine Horror-Anthologie. Das erschließt sich mir nicht ganz, vielleicht wegen dieser Schreie – aber **Heartless World** ist absolut kein Horror, sondern ein ewig herrliches Hörvergnügen, das niemand missen sollte.

HIGHWAY TO HELL - AC/DC
(Young, Young & Scott)

Zur Hölle, bei dieser Auswahl an guten, tollen, hervorragenden, ausgezeichneten, überwältigenden Songs gerate ich ins Schwitzen wie in der Hölle (vermutlich, ich war noch nicht persönlich da).

Ich gestehe – beim erstmaligen Hören dieser australischen (damaligen) Jungspunde habe ich etwas abfällig gelächelt, aber schon der zweite Wechselstrom/Gleichstrom Input hat mich voll elektrisiert, und das liegt nicht nur am tollen Logo. [Die einzige Band, bei der ich versucht habe, das Logo wenigstens ansatzweise nachzuempfinden.]

Rock, Hard Rock auf den ultimativen Punkt gebracht – unergründlich gleiche und doch immer wieder andere Riffs, die elektrischen Starkstrom wie ein leichtes Kribbeln erscheinen lassen, knackige Soli und diese Stimme, die man von Australien auch ohne Mikro bis hierher hätte hören können. Auch wenn sie später nahtlos „dank" tragischer Umstände durch eine englische Röhre gleichen Kalibers ersetzt wurde, wobei „Ersatz" nicht richtig klingt.

AC/DC ist in jeder Hinsicht etwas Besonderes, angefangen natürlich bei dieser exzellenten Musik, über den Gitarrenderwisch Angus in seiner kurzbehosten Schüleruniform bis zu den beiden aufeinander folgenden, unvergleichlichen Sanges-/Kreischröhren und dem Talent der Band, aus dem „immer gleichen Sound" (wie ihre blöden Gegner sagen) immer wieder etwas Neues zu zaubern. Einmal AC/DC, auf immer AC/DC – wenn es eine Band gäbe, die man erfinden müsste, wenn es sie nicht gäbe, dann diese!

Ich hatte das Glück, sie sowohl mit Bon als auch mit Brian live zu sehen/hören, einige der unvergesslich bleibenden von vielen hunderten Konzerterlebnissen. Einmal AC/DC, immer AC/DC! Keine Truppe hat dem Hard Rock bessere Dienste geleistet als diese, wage ich zu behaupten.

Und nun diese Qual der Wahl … natürlich ist **Highway To Hell** ein symptomatischer Kracher, wie fast jedes andere ihrer Stücke auch, aber vielleicht einen kleinen heftigen Tick noch symptomatischer, mit besonders eingängigem Refrain, und der Titel spricht für sich. Die Autobahn zur Hölle – davon kann mein bester Lieblings-Fußballverein wahrlich auch ein Lied singen und deshalb wird dieser Song auch immer im Stadion des VfL Bochum gespielt.

Ein Grund mehr, ihn hier stellvertretend für alle wunderbaren AC⚡DC Songs zu wählen.

Die Autobahn zur Hölle führt direkt in die Ewigkeit, Umkehr ausgeschlossen, mit Wechsel- oder Gleichstrom, egal – einmal AC⚡DC, immer AC⚡DC!

HIPPY HIPPY SHAKE –
THE SWINGING BLUE JEANS

(Chan Romero)

Als seinerzeit perfekte Synthese aus Rock 'n' Roll und Beat läutete dieser Song Ende 1963 irgendwie eine neue Zeit ein. Der vergleichsweise und zu der Zeit allemal „heftige" Gitarrensound und vor allem der Shout-Gesang und da wieder besonders dieser kurze „Urschrei" vor dem kurzen, prägnanten und für die Zeit sehr bemerkenswerten Gitarren-Solo waren damals unerhört, haha – das war diese „Negermusik", vor der unsere Eltern uns zu warnen versuchten (meine mich zum Glück nicht – wenn auch nicht unbedingt erwünscht, so doch toleriert, wofür ich sehr dankbar bin).

Auch die Beatles hatten diesen Song in ihrem frühen Repertoire, noch vor den Swinging Blue Jeans. Aber, zumindest wie es auf Tonträgern überliefert ist, nicht so eindrucksvoll wie die Swinging Blue Jeans. Schon fast ein Sakrileg, dies zu schreiben, aber die „Götter" Beatles waren zu dieser Zeit auch nur vier Liverpooler Jungs, die ihren Weg suchten ... und fanden.

Nach etwas mehr als eineinhalb Minuten ist der Spaß vorbei, aber diese haben es in sich!

Die Swinging Blue Jeans haben viele Rock 'n' Roll Standards verarbeitet, die man sich gut, sehr gut anhören kann und sollte (*Long Tall Sally, Tutti Frutti*, und, und, und – sehr bemerkenswert auch ihre Version von *Shakin' All Over* oder besonders *Good Golly, Miss Molly*), aber sind dann im Gewimmel der Beat-Gruppen mehr oder weniger sang- und klanglos untergegangen, obwohl sie, aus Liverpool stammend, auch den Mersey Beat gut beherrschten, aber letztlich nicht signifikant genug. (Sie touren in -zigfach geänderter Besetzung bis heute.)

Singen und klingen konnten sie zwar, ihr zweiter großer Hit *You're No Good* in gefälligem Mersey Beat-Sound ließ noch einmal hoffen, aber ihre mit **Hippy Hippy Shake** hoch gelegte Messlatte konnten sie nie mehr erreichen, um sich von anderen Mitstreitern deutlich abzusetzen. Aus der markanten, etwas rauen Schrei-Stimme ihres Leadsängers hätten sie vielleicht mehr machen können.

Die blauen Jeanshosen schwangen nur einen kurzen Moment lang – aber damit haben sie einen beeindruckenden Fußabdruck für die Ewigkeit hinterlassen.

HOUND DOG - ELVIS PRESLEY

(Leiber, Stoller)

Natürlich, der „King" darf nicht fehlen, aber so werden ja manche Musiker bezeichnet (oder bezeichnen sich selbst so). Aber wenn, gibt es nur einen – Elvis!

Doch hier geht es in erster Linie um Songs, und dieser Rock 'n' Roll Klassiker ist meiner Meinung nach in der Elvis-Version besonders beeindruckend.

Der **Hound Dog** erlaubt viele Interpretationen, die des „Gigolo" ist vermutlich am zutreffendsten. Und die Kaninchen, die er nicht fängt … da gab's doch diese Bunnies … jeder mag sich seinen eigenen Reim darauf machen.

Nicht für, aber wie Elvis auf den Leib geschrieben und von ihm hervorragend interpretiert, werden viele (so wie ich) diesen Song mit dem „King" verbinden und ihn mit diesem Song. An dieser Stelle soll auch mal eine Würdigung für die Künstler erfolgen, die selten im Fokus stehen und ohne die es alle diese wunderbaren Songs gar nicht gäbe – die Komponisten.

Das Duo Leiber/Stoller ist gefühlt für die Hälfte aller Hits der späteren 50er und früheren 60er Jahre verantwortlich und sie können nicht hoch genug geschätzt werden. Nur Lennon/McCartney und vielleicht auch Jagger/Richards, später auch Elton John und wenigen anderen wurde große öffentliche Aufmerksamkeit als Komponisten zuteil. Es wird zu oft übersehen, dass zu einem „guten Song" zwei Elemente gehören – die Komposition als Fundament und der Interpret, der es zum Leben erweckt und im Rampenlicht steht.

Zum Glück ist die Vertragsseite meist so geregelt, dass auch die Komponisten ihr gutes Stück vom Kuchen abbekommen – wenn ich nicht irre, und teilweise sogar mehr als die Interpreten. Auf dem Gebiet bin ich kein Experte.

Ich war nie der große Elvis-Fan, habe ihn nach meinem „Urknall" (Beatles) zunächst eher als „altmodischen Schmalzkopp" betrachtet – er möge mir verzeihen – und erst später schätzen gelernt; sein frühzeitiger Tod ging mir damals unerwartet nahe.

Elvis selbst könnte ein perfekter Gigolo sein, mit seiner Ausstrahlung, seiner Mimik (wo hat Billy Idol nur seine schief hochgezogene Lippe her?) und dem „perversen" Hüftschwung („Elvis the pelvis") erntete er die Begeisterung unzähliger weiblicher Fans und die (heimliche) Bewunderung der männlichen und den Zorn der prüden weißen WASP (White Anglo Saxon Protestants) Gesellschaft. Gut gemacht, Elvis – du warst und bist auf ewig ein ganz Großer!

Er war maßgeblich für die Entwicklung des Rock 'n' Roll, hatte hervorragende Musiker und Manager um sich und hat diesem und anderen Songs (*Jailhouse Rock* z. B.) seinen einzigartigen Stil verpasst – der wilde, unbändige Elvis der früheren Jahre war der beste!

Ich habe die Songs dieses Buchs nach meinem Geschmack gewählt, sagte ich schon, und manchmal dann später dazu recherchiert, was manche Überraschungen bescherte. So wurde **Hound Dog** im Jahr 2004 vom Rolling Stone Musikmagazin auf Platz 19 der 500 besten Songs aller Zeiten gewählt (letztlich auch nur der Musikgeschmack von sicherlich kompetenten Musikjournalisten, aber doch beachtenswert), Leiber und Stoller wurden vom gleichen Magazin 2015 auf Platz

20 der besten Komponisten aller Zeiten gewählt und ihre Autobiografie heißt … **Hound Dog**. Passt doch!

HOUSE OF THE RISING SUN – THE ANIMALS

(Traditional)

Oh nein, nicht schon wieder diese Lagerfeuer-Klamotte, werden jetzt vielleicht manche stöhnen. DOCH! Gerade. Obwohl die Animals auch viele weitere unvergessliche Hits hatten, ist dieser Track ein besonderer – nicht nur, weil er ihr erster großer Hit war (Nr. 1 im UK und USA).

Entgegen dem Trend der damaligen Zeit stehen keine Gitarren (vom Intro mal abgesehen) im Fokus, sondern die Hammond-Orgel, die damit salonfähig wurde; das großartige Organ des kleinen Eric Burdon – seine Stimme, meine ich – gibt diesem „Traditional" den ganz besonderen Touch. Dieses wunderbare Lied brachte uns Beat-Jüngern außerdem den Blues nahe, ohne den es weder Rock 'n' Roll oder Beat usw. gegeben hätte.

Abgenudelt bis zum geht-nicht-mehr, wird diese Version von vielen als das „Original" betrachtet – das es nicht gibt, so „traditional" ist dieses Lied, damals schon Jahrzehnte alt und mehr, ein Komponist ist nicht bekannt. Die Animals haben diesem unvergleichlichen Song mit ihrem erdigen, markanten Sound ihren ewigen Stempel verliehen und, wenn man so will, dieses „Original" geschaffen. Sehr empfehlenswert ist auch die Rock-Version von Frijid Pink, die damit 6 Jahre nach den Animals ebenfalls einen großen Hit landeten, ihren einzigen. Das spricht einmal mehr für die Qualität des Songs an sich.

Nicht nur wegen Eric Burdon mit seiner langen, wechselhaften Karriere waren die Animals eine ganz große Nummer – Organist Alan Price verzeichnete später einige klasse Hits mit seiner Band Alan Price Set und Bassist Chas Chandler schrieb als „Entdecker" und erster Manager von Jimi Hendrix ein ganz besonderes Kapitel der Musikgeschichte.

Wenn in der Ewigkeit überhaupt ein Haus steht, dann das dieser aufgehenden Sonne.

(I CAN'T GET NO) SATISFACTION - ROLLING STONES

(Jagger, Richards)

Natürlich dürfen dieser Gassenhauer und diese Band hier nicht fehlen. Aber dieses Stück ist mehr als ein Gassenhauer.

Die Beatles brachten den Stein für die größte Musik- und Kulturevolution des 20. Jahrhunderts ins Rollen, indem sie das kleine Rock 'n' Roll Steinchen von jenseits des großen Teichs aufnahmen, einige andere Zutaten hinzufügten und vor allem sich selbst mit ihrem außergewöhnlichen Talent und ihrer einzigartigen Magie einbrachten.

Diese Revolution verlief elegant und sozusagen unbemerkt, waren die Beatles doch schnell beliebtes „Allgemeingut", zumindest in England, bald auch überall auf der Welt; adrett, nett und verantwortlich für unzählige Tränen und feuchte Höschen der weiblichen Bevölkerung, was keineswegs heißt, dass sie eine „Mädchenband" waren. Im Gegenteil, eine, oder DIE Über-Band, Musikgötter – genügend wurde dazu und zu ihrem stets wegweisenden Einfluss und ihren Innovationen gesagt, nicht zuletzt auch in meinem Buch …*

Die Rolling Stones waren aus anderem Holz geschnitzt, ruppig, aufsässig (nach außen) und nahmen den rollenden Stein dankbar auf, gaben ihm durchaus auch eine leicht andere Richtung … aber dann hatten die Beatles ihn schon lange weiter gerollt. Auch sie hatten weibliche Fans nicht zu knapp, aber wurden von der älteren Generation eher gehasst, was sie attraktiver für selbsternannte oder gefühlte „Underdogs" machte.

Von Beginn an bestand ein Großteil der Beatles-Aufnahmen aus eigenen Kompositionen, schon ziemlich bald nur noch. Die Rolling Stones verließen sich lange Zeit lieber auf Coverversionen, die sie gekonnt in ihre unverkennbare Richtung bogen. Ihr zweiter etwas größerer Hit war eine Lennon/McCartney Komposition und es dauerte eine Zeit lang, bis Jagger und Richards ihr eigenes Talent entdeckten. Ihr erster „eigener" großer Hit hieß *The Last Time* (ulkigerweise), gefolgt von dieser exzellenten Hymne (und vielen weiteren großartigen Jagger/Richards Songs) des Aufbegehrens und der Unzufriedenheit der Jugend, die sich ihr eigenes Recht und Aufmerksamkeit verschaffte. Es geht nicht um die fehlende „satisfaction", ein Girl aufzureißen (ein wenig auch, gegen Ende des Songs), sondern um den rebellischen Aufschrei, der seitdem mit diesem musikalischen Statement immer wieder durch die Jahrzehnte tönt. Die Beatles ebneten den Weg, die Rolling Stones und andere räumten dahinter auf …

Ich will hier gar nicht auf die angebliche Rivalität zwischen Beatles und Stones eingehen oder diese anheizen, sie waren befreundet und wussten sich gegenseitig zu schätzen. Zwischen zwei völlig unterschiedlichen Einheiten kann es auch gar keine Rivalität geben.

„Ich will mehr, so genügt mir das nicht" ist ein grobe Übersetzung (besser Umsetzung) im Sinne des Songs, der mit seinem genialen Riff ein Meilenstein und Denkmal zugleich für die Rolling Stones ist, die immer noch weiter rollen.

Sicher (leider) nicht mehr ewig, aber dieses Meisterwerk findet definitiv Eingang in die Ewigkeit und gehört zu den Stücken, die wirklich jeder kennt, außer er kommt von einem anderen Planeten.

* Ferdinand Köther: Ich glaube an Hühner / BoD,
ISBN 978-3-739206356

I DO - FRANKIE MILLER

(Francis J. Miller)

Frankie … wer? Das werden vielleicht manche sagen, die diesen begnadeten Sänger nicht kennen. Seine tollen Alben, überwiegend aus den 70er Jahren, bieten einen wunderbaren Mix aus Pub-Rock, R 'n' B und einer Prise Soul, letztere vor allem seiner leicht rauen, herrlich angenehm kräftigen Stimme geschuldet, mit der er bestes umzugehen weiß bzw. wusste. Seine Musik geht sofort ins Blut und in die Beine, den großen Durchbruch hat er leider nie geschafft, mit *Darlin'* 1978 immerhin einen Top-Ten-Hit im UK gelandet.

Eine schwere Krankheit setzte seiner Karriere in den 90er Jahren ein Ende, er konnte nicht mehr auftreten, zeitweise nicht mehr sprechen (noch singen, natürlich). Später war er immerhin wieder in der Lage, diverse Demos aufzunehmen.

Solche Demos, neu gemastert und mit Unterstützung von vielen Freunden später verfeinert sind auf dem einmal mehr tollen Album *Double Take* (2016) zu finden – ein doppeldeutiger Titel in mehrfacher Hinsicht, sind doch fast alle Aufnahmen Duette mit anderen Sängern/Sängerinnen/Künstlern, wobei Frankie (fast) immer den ersten Ton angibt. Die Liste der Freunde umfasst Joe Walsh, Rod Stewart, Elton John, Bonnie Tyler und und und.

Jetzt habe ich viel über das Drumherum geschrieben, nichts über diesen Song. **I Do** ist eine der schönsten, empfindsamsten Liebesballaden, die ich je gehört habe und der einzige Song auf diesem Album, der nur Frankie zugeschrieben wird, kein Duett.

Spärlich instrumentiert, muss seine schon leicht zerbrechliche Stimme mit diesem nicht schmalzigen, sondern überzeugend vorgetragenen Liebesbeweis jedes Herz bis ins Tiefste und in alle Ewigkeit berühren – wem das nicht so geht sollte sich fragen, ob er ein Herz hat.

Rod Stewart hat mal gesagt, dass Frankie der einzige weiße Sänger ist, der ihm jemals Tränen in die Augen getrieben hat. Dem ist nichts hinzuzufügen.

Es ist nur zu hoffen, dass es noch mehr solcher Demos gibt oder Frankie noch in der Lage sein wird, solche zu erstellen. Das hoffe ich sehr - **I Do**!

I DON'T WANT TO MISS A THING - AEROSMITH

(Diane Warren)

"Der Luftschmitz", wie wir früher diese Truppe manchmal genannt haben, möglicherweise sogar etwas geringschätzig und in Anbetracht ihres Stellenwerts im Rockgeschäft unangemessen.

Ich weiß gar nicht mehr, ob ich ihre ersten zwei Alben überhaupt beachtet habe, das dritte, *Toys In The Attic*, hat mich voll überzeugt (und tut es immer noch), danach habe ich die Luftschmiede (hört sich etwas weniger geringschätzig an) irgendwie wieder weitgehend aus den Ohren verloren, von gelegentlichen, eingängigen Hits abgesehen.

Das mag daran liegen, dass sie eine „typische Ami-Truppe" sind, mit enormem Erfolg im Amiland, hierzulande eher weniger präsent, sowohl auf Konzertbühnen als auch in den Charts (das änderte sich erst in und ab den 90er Jahren).

Keine amerikanische Hard Rock Band hat mehr Alben verkauft als sie! Eine große Zugnummer auf den Bühnen der Stadien, ist ihr Hard Rock eine Mischung aus genau dem, etwas Metal, Pop und auch gelegentlichem Bluesanteil. Manchmal für meinen Geschmack etwas zu gleich und glatt gebügelt, aber ich bin ja flexibel und lernfähig und fange gerade an, sie wieder mehr zu „entdecken". Diese Jungs schmieden weit mehr als nur heiße Luft. Nicht ausgeschlossen, dass sie noch Eingang zu meiner „Komplett-Sammelwut" finden, man ist ja bis zum letzten Atemzug nie „fertig" …

Die Parallelen zur inzwischen längst gedienten Band der Welt sind zufällig, trotzdem bemerkenswert. Das fängt an bei einer gewissen Ähnlichkeit von Steven Tyler zu Mick Jagger, wobei Jaggers „Schnute" im Vergleich zu Tylers ein niedliches Kussmäulchen ist. Sänger und Gitarrist (Perry bzw. Richards) bilden ein kongeniales Autorenpaar und sind für die meisten Songs zuständig, die Besetzung ist praktisch konstant seit ca. 60 bzw. 50 Jahren (bei Aerosmith sogar noch konstanter als bei den Rollenden Steinen), das einprägsame Logo ist fast unverändert – und beide gehören zu den größten „Acts" aller Zeiten.

Die Stones sind urwüchsiger und ihre Musik ist völlig anders, dafür kann Steven Tyler besser singen. Auch wenn die Stones-Fans mich jetzt steinigen, egal – ich meine „singen"; Mick Jagger muss nicht singen können, er ist Mick Jagger, das reicht!

Genug der albernen Vergleiche. Steven Tyler gehört mit seiner angenehm leicht krächzenden Stimme in die Klasse der „Schmuserocker" wie Rod Stewart oder Bryan Adams (schon wieder Vergleiche, sorry – nein, Hinweise) und wenn die so hervorragend mit den knackigen, melodiösen Riffs und Soli von Joe Perry (und Brad Whitford) präsentiert wird, ist das tatsächlich oft ein besonderer Hörgenuss, der allerdings den ganz harten Rocker möglicherweise genau so unentschlossen zurücklässt wie den nur auf sanfteren Pfaden wandelnden Pop-Jünger.

Wie hervorragend und unverwechselbar Tyler singen kann, beweist er einmal mehr bei dieser wunderbaren Ballade, ein schönes Liebeslied und echter „tearjerker" (Englisch muss mal wieder herhalten, ums richtig auszudrücken). Ursprünglich „nur" ein Song für einen Film, erwies sich **I Don't Want To Miss A Thing** als ihr weltweit größter Hit, untypischerweise nicht von Tyler/Perry komponiert, die außer rockigen Fetzern durchaus auch schöne Balladen schreiben können. Drei weitere Songs steuerten Aerosmith zum Film *Armageddon* bei (in dem auch Tylers ausnehmend hübsche Tochter Liv mitspielt – spätestens bekannt durch *Herr der Ringe* u. a.), aber keiner geht so unter die Haut wie dieser. Den Film sollte ich mir mal anschauen.

Das Stück beginnt wie ein langweiliges, sogar ausgesprochen langweiliges Stück sog. „klassischer" Musik (vermutlich der Eigenschaft als „Soundtrack" gezollt) und man möchte schon abschalten, aber dann kommt gerade rechtzeitig Stevens einfühlsamer Schmusegesang, mit zunächst sparsamer weiterer Instrumentation. Die steigert sich allmählich und es entwickelt sich eine großartige Rockballade, die nicht nur Stevens Gesang besonders zur Geltung kommen lässt, sondern auch zeigt, dass kaum jemand so herrlich schrill und trotzdem melodiös schreien kann wie er, bis einem das Herz bricht.

Ich möchte diesen Song bis in alle Ewigkeit nicht missen und mögen die Luftschmiede ewig weiterfliegen und -schmieden.

IMAGINE - JOHN LENNON
(John Lennon, Yoko Ono)*

Aha, also doch die Beatles, werden manche denken – nein, John Lennon war ein Beatle, einer von vieren, vielleicht einer der wichtigsten (falls man das überhaupt sagen kann), aber das steht hier nicht zur Debatte.

John Lennon war eine der prägendsten Persönlichkeiten des möglicherweise vorletzten Jahrhunderts der Menschheit, nicht nur als Beatle oder ex-Beatle. Seine künstlerischen Fähigkeiten auch abseits der Musikwelt und politisch geprägten Aktivitäten verdienen höchsten Respekt – und dieses Lied verdient den allerhöchsten! Einer der meist gecoverten und gespielten Songs, ist Johns Original allen anderen Versuchen um Äonen voraus.

Sanftes Klavierspiel und John's unverkennbare Stimme scheinen den Hörer einzulullen, aber wer genau zuhört, wird schnell wieder wach. Besser könnte man die Probleme unserer Welt nicht beschreiben, auch wenn damals der Umweltaspekt nicht so präsent oder bewusst war.

Die Melodie ist betörend, der Text seit Jahrtausenden gültig und auch in der Zukunft, so es denn eine solche gibt – wohl eher nicht. Aber dieser Song wird in alle Ewigkeit Bestand haben. Noch viel mehr dazu zu schreiben verbieten der Respekt und die Bewunderung und wäre auch sowieso völlig überflüssig.

Imagine ... eine Insel und nur ein Song, den man mitnehmen dürfte, es müsste vermutlich dieser sein. „You may say I'm a dreamer ...".

Anmerkung: Lange galt **Imagine** als John Lennon-Komposition, erst 2017 wurde Yoko Ono das Recht als Co-Autorin zugesprochen.

I'M A MAN -
CHICAGO TRANSIT AUTHORITY
(Stevie Winwood/James Miller)

Chicago, die Gruppe, nicht die Stadt – ein vielfältig schillerndes Konglomerat aus versierten Musikern, hierzulande vermutlich eher durch ihre wunderbaren Schmusesongs bekannt, wenn überhaupt (noch).

Ihr oft dominantes, gekonntes „Gebläse" ist meine Sache weniger, aber sie konnten auch „richtig heftig", vor allem zu Beginn, als sie noch unter Chicago Transit Authority firmierten. Der Name änderte sich schon mit dem zweiten Album zu Chicago, und diese „Blaskapelle", aus Chicago natürlich und meist mindestens 7-köpfig (und deutlich mehr) stellte nach dem Motto „klotzen statt kleckern" von Anfang an den Durchzug auf volle Pulle: Meist Doppel-Alben oder sogar noch mehr, die überwiegend einfach nur durchnummeriert wurden – Ausnahmen für beide Fälle bestätigen die Regel. Vor allem in den USA waren Chicago jahrelang eine ganz große Nummer, und gehören zu den Bands mit den weltweit meistverkauften Alben aller Zeiten.

Selten schätze ich Coverversionen höher ein als das Original – vor allem, wenn wie in diesem Fall schon das Original der Spencer Davis Group (siehe da) ein hammerstarkes Stück ist, das diesen Eintrag auch durchaus verdient hätte.

Aber Chicago Transit Authority schaffen es, dieses starke Stück zu etwas anderem, neuem zu transformieren, also nicht nur zu covern, sondern zu interpretieren. Mit herrlichem Basslauf vorsichtig beginnend, dann einsetzenden Drums und castagnettenartigen Percussionsounds schleicht sich ein erdiger Orgelsound ein, bevor sich die Gitarre von Terry Kath mit unnachahmlichem Sound Bahn bricht – Sound, Sound, Sound, gepaart mit starkem Song, genau das ist es. Der gute Gesang (auch von Terry Kath) stört nicht weiter, das lasse ich mal so stehen.

Ein Break, Percussion, Orgel, wieder diese ziehende, bohrende Gitarre, der Refrain – weit mehr als 5 Minuten kann man sich in diesem Song und Sound suhlen, bevor er mit schon fast experimenteller Gitarrenakrobatik ausklingt.

Gitarrenakrobatik betreibt Terry Kath bei *Free Form Guitar* bis zum Exzess und ich verurteile niemanden, der sich dabei die Ohren zuhält oder schnell abschaltet. Ich kann davon nicht genug bekommen.

Aber davon konnten Chicago Transit Authority, oder vielmehr dann Chicago, nicht genug Dollars verdienen (kein Vorwurf). Persönlich hätte ich es bevorzugt, wenn Chicago diesen harten Weg weiter verfolgt hätten, spätestens mit Terry Kaths Tod 1978 ging der Transitzug ab in deutlich kommerziellere Gefilde (immer noch kein Vorwurf) mit ebensolchen Erfolgen.

IN-A-GADDA-DA-VIDA - IRON BUTTERFLY

(Doug Ingle)

Wenn jemals eine Gruppe mit nur einem Song identifi-ziert wurde/wird, dann haben wir hier den Präzedenz-fall. Um den Namen dieses Songs auf ihrem zweiten Album gleichen Namens ranken sich manche Legen-den, die meist darauf hinaus laufen, dass er nichts be-deutet und einfach nur „Nonsense"-Text ist, der gut zum Rhythmus des Songs passt.

Damals hatten die Scheiben ja noch zwei Seiten, aber die erste Seite hat wohl kaum jemand oft gehört oder überhaupt, die zweite wurde aufgelegt bis sie abge-kratzt war – sie bestand aus 17 Minuten **In-A-Gadda-Da-Vida**. Keine Hippie-Party oder auch andere ohne diesen hypnotischen Song, bis weit in die 70er Jahre hinein. Die eingeschrumpfte, zweieinhalbminütige Single-Version war ein Hit, das Album sowieso, aber kein Vergleich mit dem „richtigen" Stück.

Leichtes und leises Orgel-Intro, dann Bass, Schlagzeug und der schwere Gitarrenriff, der fast durchgehend seinen Stempel aufdrückt, Gesang, der bald versandet und ausgedehnten Soli Platz macht, Drums, Orgel, Bass, Gitarre mit manchen Verzerrungen und für die Zeit ungewohnten Tönen. Sehr repetitiv bohrt sich dieses Werk unauslöschlich in die Gehörgänge ein, rauschhaft, und vermutlich wurde so mancher Rausch mit dieser Musik als Hintergrund unterlegt.

Vom Nonsense-Titel und ein paar weiteren Zeilen abgesehen ist **In-A-Gadda-Da-Vida** praktisch ein Instrumentalstück, das psychedelische und vorweggenommene Heavy-Metal-Effekte höchst beeindruckend verbindet. Im gleichen Jahr erschien auch *Wheels Of Fire* von Cream mit noch ausgedehnterem Drum-Solo, das war der Trend der Zeit, aber möglicherweise war eins dieser Alben das erste mit diesem Feature – das recherchiere ich jetzt nicht, vielleicht weiß dazu ja ein Leser/Hörer mehr und lässt es mich wissen.

Diesen fantastischen Genieblitz konnte die Truppe nie wiederholen, aber er genügt auch vollkommen, um ihr einen garantierten Platz für die Ewigkeit zu sichern.

Wie ich erst jetzt erfahre (einmal mehr dank Wikipedia), gibt es den Eisernen Schmetterling mit Unterbrechungen und unglaublich vielen Besetzungswechseln bis heute, das letzte ihrer wenigen Alben erschien 1975! Einzig und allein der Drummer stammt aus den Urtagen, wenn auch nicht vom ersten Tag an und ebenfalls mit Unterbrechungen. Habe ich das was verpasst? Wenn schon, that's life (eine der möglichen Deutungen des Titels in Kurzform) – In-Aller-Güte-Defintiv-Vorzüglich!

IN THE YEAR 2525 - ZAGER & EVANS
(Rick Evans)

Es gibt etwa eine Handvoll „One-Hit-Wonder" in diesem Buch (ich zähle jetzt nicht nach), auch Eintagsfliegen genannt, und dieses Opus gehört dazu. Das ist nicht respektlos gemeint, aber diese Künstler zeichnen sich eben dadurch aus, dass sie einen Riesenhit landeten, um dann sang- und klanglos in der Versenkung zu verschwinden – nicht wörtlich zu nehmen, denn sie sangen und klangen alle noch ein Weilchen weiter, ohne weitere Erfolge.

Das aus Denny Zager und Rick Evans bestehende amerikanische Pop-Folkrock-Duo mit dem Künstlernamen Zager & Evans hatte mit diesem Song einen Traumstart – so traumhaft, dass er damit auch gleich wieder ausgeträumt war, nicht unähnlich ihrem wunderbaren Song selbst, wenn man dem Text lauscht.

Die einschmeichelnde Melodie und der starke Gesang, mit gutem Beat und schwingenden Folk-Gitarren unterlegt, klingen fast fröhlich, aber der Text ist alles andere als das. Musikalisch noch zur ausklingenden Flower-Power-Zeit passend, beweist Rick Evans eine für das Jahr 1969 unglaubliche Weit- und Einsicht.

Im Jahr 2525 beginnend, „falls die Menschheit dann noch existiert", geht es in Intervallen von je 1010 Jahren weiter bis 6565 mit erschreckenden Visionen, die heute schon teilweise eingetreten oder sogar überholt sind.

Dann ändert sich die Stimmung, auch musikalisch (hat was mit Änderungen der Moll-Tonart zu tun, ich bin kein Musiker – abgesehen davon, dass ich ein schlechter Drummer war – und Noten sind mir sowieso ein Rätsel) und es geht weiter mit 7510, 8510 und schließlich 9595.

Die Menschheit hat dann „alles genommen, was diese alte Erde geben konnte, und nichts zurückgegeben".

Im Jahr 10000 ist die Menschheit endgültig ausgestorben. Das ist wiederum sehr optimistisch gesehen, denn ich bin sicher, dass dieser Bazillus „Mensch" nicht mal das Jahr 2525 erleben wird.

Vielleicht ließen und lassen sich die Hörer nur von der wunderbaren Melodie einfangen, ohne zuzuhören oder zu realisieren, was ihnen da ohne erhobenen Zeigefinger untergejubelt wurde, oder dachten nur „ach, was soll's …". 1969 sah die Welt noch ziemlich rosig aus.

Der Weltuntergang wurde wahrscheinlich nie schöner beschrieben, aber, ach was, das ist ja kein Weltuntergang, sondern nur der Niedergang der dümmsten Spezies, die diesen Planeten bisher bewohnt (und zerstört) hat. Ein „One-Hit-Wonder" eben, nur nicht so erfolgreich wie dieser grandiose Song.

In der Ewigkeit klingt **In The Year 2525** auf immer nach und „durch die ewige Nacht blinken die Sterne".

Aber bis die Ewigkeit anbricht, hat die Natur vermutlich noch ein paar Gelegenheiten, ihren ersten Fehlversuch zu korrigieren, intelligente Lebewesen zu kreieren. Aber vielleicht tue ich damit manchen Tierarten Unrecht und sollte besser sagen Lebewesen, die ihre Intelligenz besser nutzen, als sich selbst und ihre eigene Welt zu zerstören. Auf vielen anderen der Abermilliarden (die tatsächliche Zahl lässt sich kaum ausdrücken) Planeten im Universum wird es solche sicher geben (und sicher auch viele so dumme wie hier), warum nicht auch in Zukunft mal auf diesem?

I SEE NO REASON - TITANIC

(Robinson, Aas)

Mit Pop oder Rock aus Norwegen sind wir hierzulande nicht gerade überschwemmt, von den formidablen a-ha in den 80er Jahren und auch später noch abgesehen. Ach, Wencke Myhre kam ja auch aus Norwegen, nicht meine Musik, aber niedlich und auf ihre Weise ein großer Star. Und Maria Mena ... und viele mehr, in Norwegen.

Wer kennt schon noch Titanic, die in den frühen 70ern (genau 1970) mit *Sultana* einen klasse Instrumental-Hit landeten (nicht unähnlich dem Santana-Sound, vielleicht deshalb der Name?).

Aber auf ihrem ersten Album war ein noch „klasserer" Song enthalten (*Sultana* erst auf ihrem zweiten). **I See No Reason** ist nicht nur „klasserer", sondern gewaltig und überwältigend. Zum fantastischen Sound der brausenden Kirchenorgel, an Procol Harums größten Hit erinnernd, gesellt sich bald starker, schwermütig-gefühlvoller Gesang, ein Background-Chor kommt hinzu, langsame Steigerung ... jaja, die Dynamik, die es mir immer wieder angetan hat, ständig unterlegt mit diesem wunderbaren Orgelsound. Break, nur Schlagzeug, Orgel – und noch mal, weil's so schön ist, mit etwas anderem Text ... break, nur Schlagzeug, Orgel, dann lange nur noch Schlagzeug, mit einfachem Beat ... gefolgt von einem langen, herrlichen Gitarrensolo ... und diese Orgel, sagte ich schon ... wieder aufkommender Gesang, break, nur wieder Schlagzeug, Chor, gipfelnd in einem zum Schluss markerschütternden Schrei, Deep Purple-würdig.

Auch wenn hier andere Bands zum Vergleich herhalten mussten, haben Titanic ihren absolut eigenen Sound, ohne zu kopieren. Sie bieten, insgesamt über alle ihre Alben gesehen, Pop-Rock erster Güte und **I See No Reason** ist eine Rock-Ballade der Spitzenklasse, in der man sich mehr als 8 Minuten lang suhlen kann.

Ich sehe keinen Grund, warum sich dieses Meisterwerk nicht für die Ewigkeit qualifizieren sollte – es stand mit als eins der ersten auf meiner mentalen Liste für dieses Buch. Warum die Truppe allerdings in den 2000er Jahren eine neue Version aufnahm, ist mir ein Rätsel. Kann sich auch hören lassen, aber kein Vergleich zum Original. Wer sich also auf die Suche danach machen sollte – aufgepasst.

Und ganz nebenbei, außer Norwegen kein Bezug, wer gerne melodischen Heavy Metal mag, sollte sich mal Audrey Horne zu Gemüte führen. Nein, das ist keine Sängerin, sondern eine empfehlenswerte Metal-Truppe aus dem Norden mit teilweise gaaaanz leichten Anklängen an Wishbone Ash – ach, was rede ich und warum muss ich bei norwegischen Bands immer andere zum Vergleich heranziehen? Quatsch.

Die RMS Titanic ist untergegangen, aber Titanic werden mit diesem hervorragenden Song ewig auf der Welle meiner „Top 100" ganz oben schwimmen.

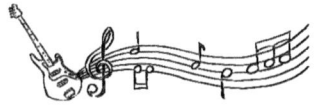

I SEE THE RAIN - MARMALADE

(William Junior Campbell, Dean Ford)

Dieser "beste Hit, der nie einer war", wie ich gerne sage, gehört auf jeden Fall zu den 100 Songs für die Ewigkeit, zumindest für mich.

Mit Donnergrollen, Regen und einem unwiderstehlichen Gitarren-Hook beginnend, der sich über das ganze Stück hinweg zieht und ein Ohrwurm sondergleichen ist, tönte dieser Sound 1967 aus allen Ecken Londons und Umgebung, was erstaunlicherweise nicht zu einer Chart-Platzierung führte, anders als die späteren, meist sanfteren großen Pop-Hits dieser schottischen Truppe, anfangs mit „The" geschrieben (was hier korrekt wäre), später ohne. Ihre Cover-Version des Beatles Songs *Ob-La-Di, Ob-La-Da* (vom genialen *Weißen Album* der Fab Four – genial wie alle ihre Werke, vielleicht eine winzige Spur geringer als ihr Jahrhundertwerk *Sgt. Pepper's Lonely Hearts Club Band*) war ihr größter Hit, Nr. 1!

Ebenso erstaunlicherweise passt der später so gut bewährte Pop-Gesang (hier mit etwas Unterstützung von Graham Nash von den Hollies) bestens zu dem progressiven „heavy"-Sound, seiner Zeit weit voraus.

I See The Rain strahlt ein Hendrix-Feeling aus und praktisch zeitgleich erschien *Hey Joe* des großen Meisters selbst und wurde ein großer Hit – da fragt man sich, warum dieser überragende Song nicht. Einer der ersten und wenigen Songs, oder der erste (?), mit Umweltgeräuschen.

Marmalade coverten übrigens auch *Hey Joe*, gar nicht schlecht, aber natürlich kein Vergleich mit Jimis Version dieses „Traditionals". Doch welch größeres Lob gibt es, als dass der möglicherweise größte Gitarrist aller Zeiten, eben Jimi Hendrix, **I See The Rain** als eins seiner Lieblingsstücke des Jahres 1967 bezeichnete? Damit bewies er, dass er nicht nur ein Übermeister der 6 Saiten war, sondern auch einen exzellenten Musikgeschmack besaß.

Der für **I See The Rain** eigentlich mehr als verdiente Erfolg stellte sich, wie schon erwähnt, später mit „poppigeren", immer guten und eingängigen Songs ein, was mich etwas versöhnt. Ich esse keine Marmelade, aber ich liebe Marmalade!

Auf dem Woburn Abbey Festival of the Flower Children* konnte ich u. a. **I See The Rain** live erleben – etwas Regen auch, ja, aber vor allem den Song, präsentiert von den Künstlern selbst.

---

* http://www.ukrockfestivals.com/woburn-67.html
(Zu dieser Webseite habe ich auch einen kleinen Beitrag geleistet: Ein paar Fotos (nicht von Marmalade) und etwas Text, Übersetzung aus meinem an anderer Stelle und hinten in diesem Buch erwähnten Buch.
Diese Fotos sind auch zu finden in dem schönen Bildband mit wenig Begleittext von:
Sam Knee: Memory of a Free Festival – The Golden Era of the British Underground Festival / Cicada Books Limited, ISBN 978-1-908714435. Obwohl Woburn Abbey kein "free" Festival war.)

ITCHYCOO PARK - SMALL FACES

(Marriott, Lane)

Kleine Gesichter, große Helden der 60er Jahre. So ganz große Stars waren diese Londoner Jungs nie wirklich, aber haben mit ihren klasse Hits und darüber hinaus einen festen Platz in der Musikgeschichte.

Vier Gesichter mit vielen Gesichtern in ihren Songs, vom rauen R & B Sound mit der souligen, markanten Stimme von Steve Marriott in ihrer Frühzeit bis hin zu sehr relaxten, fröhlichen Songs zu Flower Power Zeiten. Immer mit Drive, mit Melodie, und mit Orgelsound als festem Bestandteil – viele kleine Meisterwerke, die alle mehr oder minder Ewigkeitswert haben.

Ihr Karriere war leider relativ kurz, folgende Solokarrieren nicht sonderlich erfolgreich. Rod Stewart und Ronnie Wood stießen zu drei verbliebenen Faces und die waren jetzt nicht mehr „Small", während Steve Marriott sich Humble Pie (mit Peter Frampton) anschloss. Für Rod war es ein Grundstein zur Mega-Karriere, Humble Pie blieben etwas bescheidener, von eingeschworenen Fans hoch geschätzt. Die spätere, kurze Wiedervereinigung blieb weitgehend unbemerkt. Als späterer, zeitweiliger „Miet-Drummer" der Who, zu deren Musik eine gewisse Affinität besteht, hatte vielleicht Kenney Jones den größten Erfolg abseits der ursprünglichen Gesichter.

Mit **Itchycoo Park** haben wir hier den sanfteren, „psychedelischen" Sound der großen kleinen Vier, ein perfekter Flower Power Song, der auch mal die sanftere Seite von Steves Stimme zur Geltung bringt. Eine besondere Masche ist das „Flanging", ein spezieller Effekt ähnlich dem „Phasing", das diesen „psychedeli-schen" Drum-Sound ausmachte – schwebend, lässig, herrlich, um die Seele baumeln zu lassen. Ähnlich lässig wie einer ihrer anderen großen Hits, *Lazy Sunday*, der ohne „Flanging" in die gleiche Richtung geht. Die Small Faces konnten nicht nur gut abrocken, sondern auch sehr schön entspannte musikalische Weisen schreiben und spielen.

Über die Entstehung des Songnamens gibt es mehrere, ähnliche Geschichten. Die Jungs gingen gerne in manche der vielen schönen Londoner Parks, vor allem wohl in einen bestimmten, mit stacheligen Pflanzen und diesen und jenen Insekten. Und dann juckte es hinterher schon mal …

Wer den **Itchycoo Park** in London sucht, tut dies vergeblich, aber in der Ewigkeit, da wird er ihn finden, ganz lässig.

IT'S ABOUT PRIDE - OUTLAWS
(H. Paul)

Ihr Debut-Album war (und ist) eine Offenbarung, und das gilt auch für fast jedes weitere ihrer relativ wenigen Werke über die Jahrzehnte, was trotzdem die Auswahl eines Songs dieser Hammertruppe erschwert.

Gelten Wishbone Ash als Erfinder des „Twin-Guitar-Sounds", so setzen die Outlaws noch eine drauf, eine Gitarre nämlich, zum „Triplet-Guitar-Sound" – nicht immer, aber häufig, oft herrschen auch nur zwei Gitarren vor.

Und gelten Lynyrd Skynyrd als Epigonen des Southern Rock (ebenfalls mit 2 oder 3 Gitarren), so ist das eine sträfliche Vernachlässigung der Outlaws.

Während erstere eher in die härtere Richtung gehen, vor allem auf manchen ihrer späteren Album, tendieren die Outlaws ein wenig in die Country-Richtung, ohne dabei an Kernigkeit zu verlieren. Ihr harmonischer, melodiöser Gesang erinnert teilweise an die Eagles oder auch die Byrds.

Vergleiche, Vergleiche – das haben die Outlaws absolut nicht nötig, ihr unverkennbarer Sound mit dieser ungewöhnlichen Kombination aus Harmoniegesang und Gitarrenquälerei bis -streichelei ist ihr einzigartiges Markenzeichen. Leider sind sie unverständlicherweise nicht ganz so bekannt wie einige der anderen erwähnten Bands, deshalb diese Hinweise mit der dringenden Empfehlung, sich auch den Outlaws zuzuwenden.

Wer Gitarren liebt, kommt um diese Helden nicht herum. Es fetzt und schwirrt und schwingt in herrlichen, schon fast unanständigen Orgien, es rockt von relaxed bis heftig, und dieser wunderbare Gesang dazu rundet die Sache ab. Die vollkommene Mischung aus Melodie, Rhythmus und Rock mit einer Prise Country hin und wieder ist umso erstaunlicher, als die ungeheure Anzahl von Besetzungswechseln mit einigen wenigen Konstanten über längere Zeiträume nicht zu spüren/hören ist und die hohe Qualität nie (!) nachgelassen hat. Auch die etwas schwächeren Songs der Outlaws – ja, auch die gibt es – sind immer noch um vieles besser als manche „gute" Songs anderer Truppen. Der Stab, sprich die Gitarre und das Mikro, wurde offensichtlich nur an Talente weitergereicht, die den Outlaw im Blut hatten/haben. Wobei Bass und Drums keine unwichtige Rolle spielen. Einmal gehört – Outlaw für immer!

Meine Begeisterung kennt kaum Grenzen ... welcher Song soll es denn nun sein, ich kann ja nicht alle ihre tollen -zig Songs nehmen, auch wenn ich das gerne tun würde. Vielleicht die mehr als 8-minütige Orgie, ich kann mich nur wiederholen, *Green Grass & High Tides* vom Debut-Album, oder (*Ghost) Riders In The Sky* von einem späteren oder ... was rede ich, das sind alles Ohren-Gitarren-Orgien, die das Blut den Körper so durchströmen lässt wie geschmolzene Butter durch ein Sieb fließt. Gitarren, Gitarren, Gitarren, und ein tolles, über die Jahre verfestigtes Logo mit dem Büffelschädel haben sie auch.

Nein, **It's About Pride** (oder doch *Trail of Tears*, oder ... ach, ist das schön-schwierig) von dem nach langer Pause veröffentlichten fulminanten (natürlich) „Comeback-Album" gleichen Namens schon weit in den 2000er Jahren soll's sein (ein Jahrhundert-Album).

Der Track vereint einmal mehr alle Qualitäten auf perfekte Weise, langsamer, zahmer Beginn, wunderbare Melodie, etwas countrymäßiger Gesang, hinzukommende Harmonien, die Steigerung mit Gitarren, Gitarren, Gitarren ... Fast jeder Song dieses fantastischen, tollen, großartigen Albums – ich kann's nicht oft genug sagen – ufert in gnadenlose Gitarrenorgien aus.

Pistolen und Gewehre sind machtlos gegen die Gitarrenfront dieser Gesetzlosen, die ihr eigenes Gesetz für den Southern Rock geschrieben haben und stolz darauf sein können, ihre Gitarren bis in alle Ewigkeiten zu schwingen. Dieses ewige Gesetz ist mit und in Gitarren gemeißelt.

(Ich höre gerade mal wieder ihr neuestes Album *Dixie Highway*, richtig schön laut über Kopfhörer ... *Endless Pride* (Ja! Unbedingt!) und andere Songs. Unirdisch grandios, etwas mehr auf der harten Seite, ohne die Wurzeln auch nur eine Sekunde lang zu verleugnen. Braucht man überhaupt noch was anderes?)

JESSICA - ALLMAN BROTHERS BAND
(Richard Betts)

Oh je, eine schwierige Aufgabe ... Als eine der maßgebendsten, grundlegenden Bands hat die Allman Brothers Band so viele tolle Songs fabriziert, da fällt die Wahl verdammt schwer. Keine Hit-Lieferanten in dem Sinne, sondern schon auf Live-Alben spezialisiert, als dies noch eine große Seltenheit war. Sie wollten einfach nur spielen, spielen, spielen, das geht vor begeistertem Publikum am besten. Ihre wechselhafte, tragische Geschichte hat diese Truppe nie von ihrem Weg abbringen können. Mitbegründer des Southern Rock, oder Gründer? Allerdings immer oder meist von der etwas sanfteren, bluesigeren Seite, aber stets mit vollster Hingabe. Bände könnte man darüber schreiben, sind geschrieben.

Bei aller Hochachtung, Lob und Respekt von fast jedermann mag es ein paar Nörgler geben, die sagen „klingt alles gleich, hat man ein Album, hat man alle". Das wird von manchen Interpreten behauptet, und einmal mehr jein. Man weiß, was einen erwartet – das zu „klingt alles gleich", und freut sich darauf. Viele Live-Alben sind sehr ähnlich, „überschneiden" sich – das zum zweiten genannten Einwand. Aber wer hinhört, hört die kleinen, feinen und auch größeren Unterschiede und Raffinessen. Musik ist zum Hinhören.

Die Allman Brothers Band hat viele, viele ihrer vielen, vielen und noch mehr Konzerte in späterer Zeit immer direkt mitgeschnitten, sofort anschließend auf CD gepresst und nach dem Konzert verkauft – eine schier unübersichtliche Anzahl von CDs in jeweils stark begrenzter Auflage. Ihre „offiziellen" Alben sind überschaubar, zum Glück trotzdem zahlreich und manche solcher mitgeschnittenen Gigs haben es auch ins „offizielle" Programm gebracht. Was ist „offiziell", was nicht – anderes Thema.

Keine Hit-Lieferanten, trotzdem haben ihr unverwechselbarer Sound und musikalische Genialität natürlich einige Hits abgeworfen, so ganz nebenbei. Ich hätte hier auch *Ramblin' Man* nehmen können, ihren mit Abstand größten Hit, oder andere, aber habe mich für **Jessica** entschieden, und das ist noch nicht mal ein „Song", denn gesungen wird nicht. Das macht nichts, denn obwohl durchaus gefällig und passend, spielen die Vocals eine meist eher untergeordnete Rolle bei der Allman Brothers Band mit ihren oft mehr als 20-minütigen Jams. **Jessica** mit seinem perlenden, fließenden Gitarrenspiel ist von der ersten Note an ein Ohrwurm auch ohne Gesang und eine ausgezeichnete Essenz des Allman Brothers Band-Sounds.

Welche Version soll es denn sein? Die mehr als 7 Minuten lange Album-Version, die etwa 4-minütige Single-Version, eine mehr als 9-minütige Live-Version oder doch lieber die 16-Minuten-Live Version? Wegen mir auch gerne 16 Stunden oder noch mehr, bis in alle Ewigkeit kann man sich darin suhlen.

KEY TO THE HIGHWAY – DEREK AND THE DOMINOS

(Segar, Broonzy)

Das Intermezzo Derek and the Dominos ist nur ein weiterer Meilenstein in der wechselhaften, oft tragischen Geschichte Eric Claptons. Derek und wer?

Clapton hatte es satt, als Superheld immer nur in vorderster Reihe zu stehen („Clapton is God!") und wollte mal einfach nur in einer Gruppe spielen, hatte hier mit Duane Allman an seiner Seite aber gleich die nächste Supergruppe am Hals, wobei die anderen Musiker das Prädikat „super" auch durchaus verdienen. Über die Entstehung des Namens gibt es reichlich nachzulesen. Und jede Formation mit Clapton ist eigentlich eine Supergruppe, das ist sein Los.

Als ich das Doppel-Album *Layla And Other Assorted Love Songs* zum ersten Male hörte, dachte ich „datt iss aber nix" … ich hatte wohl noch zu viel Sahne (Cream) in den Ohren und Blindes Vertrauen (Blind Faith) im Kopf. Es ist seit langem eins meiner absoluten Lieblingsalben aller Zeiten und für die Ewigkeit!

Clapton und Allman an der Doppel-Leadgitarre, da jagt ein wohltuender Schauer den nächsten und ich hätte hier leicht jeden Song dieses Gigantenalbums nehmen können. Herrlich schwingender Blues-Rock mit leichten Southern-Untertönen und wirklich tolle SONGS ganz groß geschrieben – *Layla* kennt jeder, vielleicht sogar inzwischen eher in der späteren Akustikversion. Claptons Herz-Schmerz-Zeit, und er hat George Harrisons Frau Patti Boyd dann ja doch geheiratet (mit späterer Scheidung), sich eng mit George befreundet ... andere Geschichten.

Ich habe hier diesen quasi uralten Blues-Standard von 1940 (!) gewählt, weil Derek and the Dominos ihm ihren ganz „privaten" Stempel aufdrücken und man bei diesem längsten Werk des Albums fast 10 Minuten lang ununterbrochen Gelegenheit hat, in diesem wunderbaren Sound zu baden. Zum Glück sind viele andere Songs auch nicht kurz, oft 6 oder 7 Minuten lang. Und nebenbei bemerkt ist auch die Version der Steve Miller Band (mit eigenem anderen Eintrag) von **Key To The Highway** klasse, und völlig anders.

Den Schlüssel hat man, und auf dieser Autobahn möchte man bis in alle Ewigkeit weiter und weiter fahren!

LEADER OF THE PACK - SHANGRI-LAS

(George "Shadow" Morton, Jeff Barry, Ellie Greenwich)

Ein unvergessliches Teenager-Drama, „Herz-Schmerz-Liebe" der etwas anderen Art.

Mit diesem Song hatte die amerikanische Girlgroup, bestehend aus zwei hübschen Schwestern-Paaren (eins davon sogar Zwillinge), ihren großen internationalen Auftritt und Hit.

Betty liebt den Anführer einer Motorrad-Gang, aber ihre Eltern halten ihn für schlecht, denn er kommt aus der falschen Seite der Stadt. Sie drängen sie, Schluss zu machen, der Geliebte rast enttäuscht davon und verunglückt tödlich. Eine traurige Geschichte mit anklingender Sozialkritik in weniger als drei Minuten. Einer der ersten Songs mit anderen Geräuschen als nur Musikinstrumenten und Gesang – Motorengebrüll, quietschende Reifen. Oder der erste dieser Art? Ich forsche da jetzt nicht weiter nach, einer der ersten ist auf jeden Fall richtig.

Diese formidable Mischung aus Beat, Motorenlärm, etwas Sprechgesang und einem an späte 50er/frühe 60er Jahre erinnernden Sound, als hätte Phil Spector mitgewirkt (was er nicht hat) und die mädchenhaft-schmachtende Stimme der Leadsängerin erzeugen bei mir immer noch leichte Gänsehaut und etwas feuchte Augen, mehr noch als in früheren Jahren … Mentale Altersschwäche?

Auf jeden Fall ist der hintergründige Sozialkonflikt so ewig gültig wie die Qualität dieses Kurzdramas.

LET'S WORK TOGETHER - CANNED HEAT
(Wilbert Harrison)

Der Blues ist die Wurzel aller Rockmusik, könnte man sagen, und sage ich. Das fanden auch die zwei Musiker Alan Wilson und Bob Hite, die 1965 in Los Angeles die Truppe Canned Heat gründeten und zu zeitweise großem Erfolg führten. Schon der Name gründet in einem alten Blues-Song.

„Hitze in Dosen" oder schlicht und einfach Brennpaste war für manche arme Schlucker eine Alkoholquelle und Fuselersatz, der ihnen sicher nicht gut getan hat.

Sehr gut tun aber die Songs dieser Formation, immer im Blues begründet, in oft luftigem Gewand, mit manchmal einem ganz leichten Country-Hauch und einem soliden Rock-Deckel, Ausflüge in psychedelische Gefilde eingeschlossen – ideal für die Hippie-Zeiten.

On The Road Again und *Goin' Up The Country* kennt fast jeder, aber ich habe hier **Let's Work Together** auserkoren, ihren größten Hit zumindest im UK und weltweit möglicherweise noch besser bekannt.

Ursprünglich als *Let's Stick Together* vom Komponisten (einem schwarzen, was auch sonst, Bluesmusiker – *Kansas City*, u. a. auch von den Beatles vorgetragen, ist ebenfalls von ihm – es muss wenigsten manchmal auch etwas zu den Komponisten gesagt werden) selbst veröffentlicht, dann abermals von ihm in einer bearbeiteten Version, lassen Canned Heat diesen wunderbaren Song in der ihnen eigenen Art brennen.

Ein Drum-Roll als kurze Einleitung, herrlich fließende Gitarre hinzu, pumpender Bass und dann die leicht raspelnde Stimme von Bob dem Bären (Bob „The Bear" Hite, leider viel zu früh verstorben), der hier das Mikrofon übernommen hat (anstatt wie meist Alan Wilson mit seiner hohen, aber sehr angenehmen „Fistelstimme") geben den Ton an – erdig, rockig, bluesig, alles zusammen.

„Together we stand, divided we fall … let's work together …", das ist die Botschaft, ohne den großen Zeigefinger, die heutzutage anscheinend immer weniger Menschen verstehen.

Trotz unglaublich vieler Besetzungswechsel (mit Drummer Adolfo „Fito" de la Parra als einzigem permanenten Fast-Urmitglied, vom ersten Album abgesehen) kocht die Brennpaste immer noch, einige große Gitarristen holen sich hier ihre Schwielen (Harvey Mandel, Walter Trout) und obwohl ich leider nie die Fast-Ur-Formation live gesehen/gehört habe, kann ich mich glücklich schätzen, die 2019er Inkarnation erlebt zu haben, mit Fito natürlich – die Hitze der Brennpaste brodelt immer noch gewaltig!

In unseren Zeiten oft vernachlässigt (anders als zu Hippie-Zeiten), sollte **Let's Work Together** ein Motto für die Zukunft sein und hat auf jeden Fall Bestand für die Ewigkeit.

LEVITATION - HAWKWIND
(Brock)

Oh nein, werden manche denken – nicht Hawkwind, diese immer gleich klingenden Space-Hippies! Und alle werden an *Silver Machine* denken, ihren einzigen großen und großartigen Hit. Oh doch, sage ich – gerade Hawkwind, gerade weil sie immer „gleich" klingen, und weil dieser herrliche Klang, dieser hypnotische Space-Sound einen in höhere Sphären entschweben lässt, die bis in die Ewigkeit reichen. Dazu muss man nicht bekifft oder sonstwie vollgedröhnt sein (was sicher nicht hinderlich, aber nicht mein Ding ist), sondern nur bereit, zuzuhören und sich im Sound versenken bzw. davon erheben zu lassen.

Immer gleich – jein, ihr Sound ist unverkennbar, aber wer genau hinhört, entdeckt die Unterschiede und Nuancen, und manche entdeckt man erst nach -zig-maligem Genuss.

Grundsätzlich mehr Sound als Song fällt es schwer, einen solchen heraus zu picken, aber **Levitation** vom gleichnamigen Album passt natürlich einerseits thematisch gut und ist andererseits definitiv auch eins ihrer besonders hervorragenden Stücke.

Außerdem ist es nicht so ganz typisch Hawkwind – zwar unverkennbar, aber das gesamte Album ist deutlich auf der rockigen Seite, schon fast ein Alleinstellungsmerkmal im imposanten Gesamtwerk (es gibt aber schon noch ein paar andere „echte Fetzer").

Trotz des geliebten Geblubbers, Zirpens und spacigen Rauschens im Hintergrund geht hier mächtig die Post ab, getrieben von Ginger Bakers Drums, der bei diesem Album seine Künste beisteuerte. Fetzig, melodiös und rasant, kann man bei dieser hervorragenden Mischung aus Sound und Song frei entschweben – **Levitation** eben!

Übrigens – die „Splittergruppe" Hawklords, benannt nach dem Hawkwind Album *Hawklords*, erfreut die Fans mit bisher sechs ausgezeichneten Alben, teils ein wenig rockiger und ein wenig weniger spacig, aber mit unverkennbarer Herkunft. Und nochmals übrigens – ein kleiner Geheimtipp für Liebhaber solcher Sounds sind Strobe, schwierig bis kaum noch zu bekommen.

Ich hoffe nur, dass Hawkwind bis in alle Ewigkeit weiter machen – bis heute produzieren sie immer noch ein exzellentes Album nach dem anderen, teilweise auch als Hawkwind Light Orchestra (das sind dann sozusagen „Solo-Projekte" von Dave Brock, im typischen Hawkwind-Sound natürlich). Hat man eins, hat man alle – nein, hat man alle (wie ich), soweit möglich, ist man eins: für die Ewigkeit bestens gewappnet!

LOCOMOTIVE BREATH – JETHRO TULL
(Ian Anderson)

Als ich 1967 oder vermutlich eher 1968 im Marquee in London diese (noch) unbekannte Truppe sah (in beiden Jahren war ich da, auch 69, und und und), deren mittelalterlich gekleideter Sänger wie ein irrer Derwisch über die Bühne hüpfte und sprang, dabei seine Querflöte schwang und sie wie ein Flamingo auf einem Bein stehend natürlich auch spielte, war mir klar: da kommt was Großes auf uns zu!

Querflöte, dieses piepsige Ding, als Instrument einer Rockgruppe? Das passte überraschend gut, vor allem wie Ian Anderson diesem Metallstab ein völlig neues Leben einhauchte, oder einblies, im Sinne des Wortes. Dieser absolut einzigartige, völlig neuartige Mix aus Pop-, Folk-, Jazz-, Rock- und Blues-Elementen war und ist ein ganz besonderes Alleinstellungsmerkmal und eine Bereicherung der Musikszene sondergleichen. Typisch für die an Innovationen nicht zu überbietenden 60er Jahre.

Eine ungewöhnliche Truppe mit ungewöhnlichem Sound und ungewöhnlichem Namen. Jethro Tull war ein englischer Agrarwissenschaftler des 17. und 18. Jahrhunderts – die Namenswahl passte zum exzentrischen Bandleader mit seiner Vorliebe für das Landleben.

Bevor ich zu weit ausschweife, will ich trotzdem noch einige weitere Worte verlieren. Die ersten Alben waren absolut klasse, auch nach dem Weggang von Mick Abrahams (der mit Blodwyn Pig eine andere tolle Band ins Leben rief), und dann kam *Aqualung*, das bis heute bestverkaufte Album von Jethro Tull. Die religiösen (kritischen) und sozialen Themen und der bis dato noch nie (?) aufgetretene Fall (und bis heute nicht wieder? Mir fällt nichts dazu ein.), dass beide Seiten der LP einen eigenen Titel hatten, legten den Eindruck eines Konzept-Albums nahe, das es aber laut eigenen Worten des Flötenbändigers nicht war oder sein sollte.

Ich habe mich hier manchmal „beschwert", dass mir die Auswahl des Songs eines bestimmten Künstlers besonders schwer fiel – dieser gehört auf jeden Fall dazu. **Locomotive Breath** war meine erste, direkte Wahl … aber als ich das Stück dann nach langer Zeit wieder hörte, kamen mir doch leichte Zweifel. Ich hatte es etwas heftiger im Ohr, *Aqualung* (der Song) oder *Living In the Past* drängten sich auf.

Schließlich blieb es doch bei der ersten Wahl – mit dem leisen, langen Klavier-Intro, das mit etwas Gitarrenunterlegung langsam Fahrt aufnimmt, bis dann mit hinzukommenden Drums dieses heftige, stampfende Riff das Kommando übernimmt und bis zum Schluss nicht mehr nachlässt hat **Locomotive Breath** diese

Wahl verdient. Ians markante Stimme ist natürlich nicht wegzudenken, auf ein Gitarrensolo wartet man vergeblich, dafür zeigt der Meister einmal mehr, was er mit seiner Querflöte anstellen kann.

Ians ausdrucksvolle Stimme, die mir mit den folgenden Alben und ihrer immer sehr ähnlichen Phrasierung etwas auf den Wecker ging. Die vormals großartigen Songs verschwammen in meinen Ohren auch immer mehr zu einem Einheitsbrei und ich habe Jethro Tull lange, lange Zeit aus den Ohren und aus dem Sinn verloren, auch Ians Solo-Alben. Solo oder nicht, Jethro Tull ist Ian Anderson und umgekehrt. Oha, jetzt werden mir sicher einige Hardcore-Jethro Tull-Fans an die Gurgel gehen wollen – das sagt ausgerechnet einer, der Rod Stewart oder AC/DC so toll findet, die sich „immer gleich anhören"? Ja, tut er, die Geschmäcker und Hörweisen sind zum Glück verschieden.

Erst kürzlich wurde ich gewahr, dass 1987 einige durchaus respektable Musik-Journalisten das Album *Crest Of A Knave* zum Heavy-Metal-Album-des-Jahres wählten, noch vor Metallica. Das Internet ist so praktisch ... kurz reingehört, und schon gekauft, mein erstes Jethro Tull Album seit *Aqualung* (bzw. *Living In The Past*, danach)! Heavy, ja, zumindest teilweise, auch Ian hört sich irgendwie anders an und ich freue mich, mal wieder etwas „entdeckt" zu haben. Klasse, und ich denke, ich sollte mich auch noch mit einigen andern der vielen, vielen späteren Jethro Tull Alben beschäftigen. Aber Heavy Metal-Album des Jahres – da frage ich mich, was diese Juroren im Tee hatten ...

Wie auch immer, haben Jethro Tull völlig verdient einen dicken Fußabdruck in der Musikgeschichte hinterlassen und die Lokomotive mag bis in alle Ewigkeit weiter atmen und stampfen.

LOOK AT YOURSELF - URIAH HEEP

(Hensley)

Eine der insgesamt wenigen Gruppen mit 50+ Jahren auf dem Buckel, muss man diese Truppe trotz vieler Besetzungswechsel ganz weit oben einordnen, obwohl sie immer irgendwie ein wenig „2. Liga" waren, aber die hat ja auch oft hervorragende Qualität zu bieten.

Ihr erstes Album ...*Very 'eavy* ... *Very 'umble* war gar nicht so heavy, und auch gar nicht so bescheiden und ich habe es damals sträflich vernachlässigt, ich bekenne mich schuldig. Es gab schon die Richtung vor, aus der viele großartige Hard Rock-Songs entstehen sollten. Schwere Riffs, ausgedehnte Orgel/Instrumentalpassagen, klasse Gitarrensoli, Melodie und Dynamik. Manchmal als „Deep Purple des armen Mannes" verspottet, ist zumindest der grundsätzliche Vergleich nicht ganz verkehrt, was die reine Musik betrifft, allerdings nicht die Sänger. Uriah Heep hatten nie Rock-Shouter wie Ian Gillan oder David Coverdale z. B., sondern waren und sind da immer auf der „leichteren" Seite, immer gut und oft mit Chor-/Harmoniegesang verbunden oder leicht theatralisch, was nicht zuletzt ihren einzigartigen, teilweise schon symphonischen Sound ausmacht. Ihre damals folgenden Werke mit den besten Songs ihrer ganzen Karriere nahm ich wahr, viel mehr aber auch nicht. Erst in den letzten

Jahren habe ich Uriah Heep „wiederentdeckt" und bemerkt, was ich teilweise verpasst hatte – insgesamt 24 tolle Studio- und 20 beeindruckende Live-Alben! Das lässt sich nachholen, ich arbeite daran und bin gut dabei. Auch erst vor einigen Jahren hatte ich erstmals das große Vergnügen, sie live zu erleben, mit dem großartigen Gitarristen Mick Box als einzig verbliebenem Ur-Mitglied und dem hervorragenden Sänger Bernie Shaw, seit nun mehr als 30 Jahren eine feste Größe, der durchaus auch mal den Shouter heraushängen lassen kann. Die anderen klasse Musiker mögen mir vergeben, dass ich sie hier namentlich nicht nenne.

Der Abgang von Ken Hensley (siehe da) nach 10 Jahren und 13 Alben, der für viele der frühen ganz großen Songs (mit)verantwortlich war (vor allem als Komponist, Keyboarder, aber auch Sänger und Gitarrist) war damals ein herber Schlag, der aber kompensiert wurde wie viele andere Wechsel auch. Außerdem kehrte Ken immer mal wieder zurück und auch manch andere illustre Musiker durchliefen die Band, was ihren nicht zu unterschätzenden Stellenwert unterstreicht … als ob sie das nötig hätten.

Um noch etwas beim oben genannten Vergleich zu bleiben – ähnlich wie Deep Purple sind auch Uriah Heep in Deutschland ganz besonders beliebt, tun sich in den USA und sogar im eigenen Heimatland eher schwer, beides im Gegensatz zu Deep Purple. Ob dies an der „wagnerischen" Gewalt und manchmal schwermütigen, aber immer schweren Musik liegt? Heavy, aber nicht Heavy Metal, sondern Hard Rock (mit fließenden Grenzen, schon mal irgendwo erwähnt) der Sonderklasse, bis heute.

Große Klasse und mal wieder die Qual der Wahl. Wie die meisten Rocker-Kollegen sind Uriah Heep eine Album-Band, auch wenn ihre folkig angehauchte *Lady In Black* ein großer Hit war, vor allem in Deutschland, klar. Sie wäre definitiv eine Kandidatin für die Ewigkeit, ebenso wie *Gypsy, Easy Livin'* oder das mehr als 16-minütige Mega-Opus *Salisbury* vom gleichnamigen Album, oder *Magician's Birthday* und, und … Auch manchen Coverversionen verpassten sie ihren prägenden Stil.

Ebenso wie auf ihre Songs legten Uriah Heep immer schon große Sorgfalt auf ihre Covergestaltung, häufig mit Fantasy- (von Roger Dean, einem DER Covergestalter der Ära, auch für Yes und viele andere) und auch Horror-Motiven. Die wie ein Spiegel wirkende Aluminiumfolie des Albums *Look At Yourself* war und ist ein ganz besonderer Hingucker und nicht zuletzt der gleichnamige Song **Look At Yourself** ist außergewöhnlich gut, sofern man das in diesem Zusammenhang überhaupt sagen kann.

Alle oben genannten musikalischen Elemente kommen hier bestens zum Tragen/Hören, und auch wenn Charles Dickens, der Schöpfer der namensgebenden Romanfigur schon lange tot ist, kann man sich hiermit bis in alle Ewigkeit den Spiegel vorhalten/vorhören und darin versinken. Wer sich nicht selbst sehen will, sollte seinen Hörblick umso mehr auf Uriah Heep richten. 1. Liga.

MISSISSIPPI QUEEN - MOUNTAIN

(West, Laing, Pappalardi, Rea)

Tock, tock, tock klingt die Kuhglocke … dann dieser fette Riff, gefolgt von fetter Leadgitarre und fettem Gesang, das schlug ein wie ein Hammer wie das gesamte erste Album von Mountain, das sich mit anderen darum streiten mag, den Begriff Hard Rock nachdrücklich geprägt bzw. erfunden zu haben. Nicht Heavy Metal, auch wenn die Grenzen fließend sind (ich wiederhole mich zum wiederholten Male).

HARD ROCK, **fett** geschrieben (und Anstoß für Deep Purples phänomenale LP *In Rock*) und bestens passend zum „Fettklops-Struwwelpeter" Leslie West, ein Felsen, ein Berg – sein erstes Soloalbum hieß Mountain, kaum beachtet, aber beachtenswert und sicher nicht ohne Bezug zu seiner enormen Leibesfülle.

Diesen Titel übernahm er als Namen für seine erste Gruppe, die in die Lücke zu stoßen schien, die Cream hinterlassen hatte. Das passte aber nicht wirklich, trotz Leslies Bewunderung für Clapton und der Tatsache, dass Felix Pappalardi, Produzent der meisten Cream Alben, hier den Bass schwang und auch mal seine Stimmbänder klingen ließ. Und hatten Cream mit Ginger Baker einen der besten Drummer aller Zeiten, ist Leslies ewiger Kumpel und Begleiter Corky Laing einer der … unauffälligsten, sage ich mal wohlwollend und mit Rücksicht auf die Eltern. Das fiel nicht all zu sehr auf, das wusste Leslies Gitarre zu verhindern.

Mountain – Leslie West – West, Bruce & Laing (Jack Bruce von Cream u. a.), das ist ein riesiger Soundberg sondergleichen, in dem Leslie mit seiner krächzend-raspelnden Stimme und seiner „Brat-Gitarre" den von der **Mississippi Queen** vorgegeben Weg konsequent verfolgt und dominierend den Ton angibt und damit zum Glück für großen Ohrenschmaus sorgt. Mal mehr, mal weniger bluesig, durchaus auch mal ein wenig filigraner, aber immer „fett". Immer ähnlich, auch zum Glück, aber nie wirklich „gleich" klingend, was manche Ignoranten ihm vorwerfen mögen.

Fett ist er heutzutage nicht mehr, sein Struwwel ist verschwunden und auch ein halbes Bein hat er verloren und so schade dies für ihn ist, ist es kein großer Verlust für die Musikszene, solange er noch beide Hände und seine Raspelkehle hat und sein Output fett bleibt. Meist als Solokünstler oder wie zwischendurch mal wieder als Mountain mit dem großartigen (natürlich) Album *Masters of War*, das nur Songs von Bob Dylan enthält (und bei dem auch Ozzy Osbourne mal ans Mikro durfte) – aber fett! Und zu Bob Dylan habe ich auch an anderen Stellen etwas geschrieben.

Ein Berg braucht (fast) ewig*, bis er abgetragen ist – möge bis dahin die Königin des Mississippi regieren, und darüber hinaus! [*Leider nur bis zum 23.12.2020]

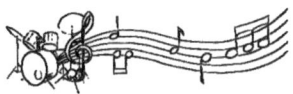

MOONLIGHT SHADOW –
MIKE OLDFIELD (FEAT. MAGGIE REILLY)
(Mike Oldfield)

Frauen sind in diesem Buch deutlich unterrepräsentiert; das ist keine Absicht, aber mir völlig bewusst.
Ebenso bewusst bin ich deshalb hier von der offiziellen Notation abgewichen und habe den Namen der fantas-

tischen Sängerin bei diesem Song, der offiziell unter Mike Oldfield geführt wird (und der ihn ja auch komponiert hat), hinzugefügt – Ehre wem Ehre gebührt! Nichts gegen Mike Oldfield, im Gegenteil und mit großer Hochachtung vor allem für *Tubular Bells*, ist dieses Sahnestück in meinen grauen Zellen seit jeher unter „Maggie Reilly & Mike Oldfield" gespeichert.

Ohne Maggies himmlische, kristallklare Stimme wäre dieser wunderbare Song nur halb so wunderbar – sie trägt ihn in perfekter Symbiose mit den akustischen (?) und elektrischen Gitarren- und Synthesizertönen in gefühlvoll schwingende Höhen, die es schwer machen, sich davon zu lösen, man möchte immer weiter in dieser Watte schweben, die auch zwischendurch mal etwas festere Substanz aufweist.

Von Beginn an auf der gedanklichen Set-Liste für dieses Buch, war ich mir sicher, diesen Song auf irgendeinem Sampler zu haben, so vertraut ist er mir und so sehr liebe ich ihn. Pustekuchen! Also musste endlich das Album her – einer der wenigen Fälle, oder der einzige Fall (?), in denen ich mir eine CD nur wegen eines einzigen Songs gekauft habe. Aber die „entschädigt" (mit Bonus-Tracks, wie heutzutage oft anzutreffen) gleich mit drei Versionen dieser herrlichen Ohrwurm-Melodie – die (leider viel zu kurze) Single-Version, einem „Unplugged Mix" und der längeren (endlich!) „12"-Maxi" Version.

Der Mond wirft seinen Schatten in die Ewigkeit und das ist Glückseligkeit hoch drei. Der Rest der CD ist übrigens auch nicht schlecht, mit Roger Chapman und Ian Anderson als „Feature-Sänger".A

MORE THAN A FEELING - BOSTON

(Tom Scholz)

Nomen est omen – music is more than a feeling and more than a song. Wenn jemals eine Band mit nur einem einzigen Song assoziiert wurde, dann ist das vermutlich Boston mit eben diesem (ähnliches habe ich bei mindestens einer anderen Band geschrieben, man möge mir verzeihen). Dieser unvergleichliche Geniestreich von Tom Scholz (Mastermind von Boston, eigentlich ist er Boston) verbindet auf perfekte, einzigartige Weise Melodie, Schmalz und Hard Rock. Diese Mischung schleimt, rockt und bohrt sich in die Gehörgänge und bleibt dort, für alle Ewigkeit, Widerstand zwecklos.

Wem sich da nicht die Nackenhaare sträuben, dem attestiere ich „no feeling". Es grenzt schon fast an Gemeinheit, solch einen Song auf die Menschheit loszulassen. Dieser Gesang, diese Gitarren, diese Melodie – „geht runter wie Butter" ist im Vergleich dazu hart wie Beton.

Man muss nicht alle wenigen (nur 6) Alben von Boston (tolles Logo!) mit den schönen Songs haben (ich schon), meist mehr oder weniger Derivate von **More Than A Feeling** und mehr oder weniger heavy, aber diesen Song MUSS jede/r haben. Unbedingt. Widerstand zwecklos.

MR. TAMBOURINE MAN - THE BYRDS

(Bob Dylan)

Die Byrds, die amerikanischen Vögel mit dem "y" da, wo man ein "i" erwartet hätte. In Analogie zu den Beatles mit dem „a" dort, wo man ein „e" erwartet hätte. Beide Namen sind neue Wortschöpfungen, die es bis dahin nicht gab.

Als die Byrds mit **Mr. Tambourine Man** Mitte der 60er Jahre die internationalen Charts stürmten, wurden sie auch oft mit den Beatles verglichen, nicht zuletzt wegen ihrer markanten Pilzköpfe, die zu dieser Zeit bei den Musikgöttern selbst schon fast wieder passé und noch längerer Haarpracht gewichen waren. Aber auch musikalisch hatten sie durchaus hochkarätige Kost zu bieten, waren Trendsetter für den Folk-Rock, den sie mit ihrem herrlichen Jingle-Jangle-Sound (nicht unähnlich dem der Searchers) und wunderbarem Harmoniegesang überhaupt erst begründeten und damit auch der bis dato vernachlässigten 12-saitigen Gitarre zu neuem Stellenwert verhalfen.

Trotz manch folgender Hits und diverser guter Alben konnten die Byrds (die alle Beatles-Fans waren) aber auf Dauer dem hohen, von außen auferlegten Anspruch nicht lange gerecht werden – interne Querelen und viele Besetzungswechsel waren Ursache und Folge in eins. Und doch gehören sie auf jeden Fall zum Hochadel der Musikgeschichte, sowohl als Band als auch als einzelne Musiker der vielen, die die Band durchliefen und die als Solokünstler und/oder in anderen Formationen ihre deutlichen Spuren setzten.

Da kommen wir mal wieder zum Thema Komponisten. Auch da waren die Byrds hochbegabt, griffen aber auch immer mal wieder gerne auf andere Kompositionen zurück, die sie neu einkleideten und warum auch nicht, das taten selbst die Beatles in den ersten Jahren. Einer ihrer Songs wird an anderer Stelle in diesem Buch gewürdigt (*Eight Miles High*), aber **Mr. Tambourine Man** war mal wieder eine „Fremdkomposition", die den Anstoß zu einer großen, wenn auch kurzen Karriere gab.

Ich könnte hier wiederholen oder darauf hinweisen, was ich an noch anderer Stelle über Bob Dylan geschrieben habe, als Lyriker, Künstler, Musiker, und zwar ... ach was, selbst ist der Leser!

Der Tambourinemann soll sein Instrument bis in alle Ewigkeit schwingen, und so wie die Byrds ihn dies auf ihre himmlisch locker-leichte Weise tun lassen, muss er keine Konkurrenz fürchten.

MUSIC - JOHN MILES

(John Miles)

Ich höre schon wieder die alten Rocker ihre Stirn runzeln – John Miles, so ein Weichei! Aber ein Weichei, das mit diesem Song das Gelbe vom Ei gefunden hat.

Einmal mehr ein Beispiel, wie sich ein Künstler mit nur einem Song verewigen kann. Trotz zahlreicher

Alben und einiger weiterer kleiner Hits ist John Miles = **Music**, ich will ihm kein Unrecht antun.

Mit sanften Tönen beginnend, inklusive Streicher, gibt er gleich zu Beginn mit etwas süßlicher, aber angenehmer Stimme sein Statement ab: „Music was my first love, and it will be my last." Dann geht aber doch einigermaßen die Post ab und seinem Statement hat er nicht mehr viele Worte hinzuzufügen, warum auch? Etwas nach Mitte der 70er Jahre und etwas neben dem Trend der Zeit hat der Erfolg ihm Recht gegeben.

Überwiegend ein Instrumentaltrack mit nicht wenigen Tempowechseln, hin und her zwischen langsamen Streicherpassagen und schönem, flotten Gitarrensound, ist **Music** eine Ode an die Liebe zur Musik, die unter die Haut geht, wenn man das zulässt. Alleine der oben zitierte Satz ist für die Ewigkeit in Stein gemeißelt, und diesen Stein kann auch kein zuckersüßer Untergrund, wenn auch mit einigen Brocken verdickt, ins Wanken bringen.

Als Dauer-Protagonist der „Night of the Proms" (nicht mein Ding) zehrt John Miles bis heute von dieser Erleuchtung, das sei ihm gerne gegönnt … und mir vielleicht ein Anlass, mich mal (wieder) etwas mehr mit ihm zu befassen.

Wer mir einen gewissen Hang zu Schmalz, Schnulz und Kitsch unterstellt liegt nicht ganz falsch, aber damit kann ich leben. Music was my first love – und bleibt mir treu bis ans Lebensende und bis in alle Ewigkeit.

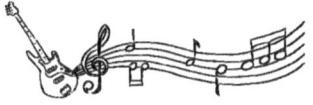

NEEDLES AND PINS - THE SEARCHERS
(Jack Nitzsche, Sonny Bono)

Im „Mersey Beat"-Gefolge der Beatles war dies nicht der erste Nr. 1 Hit im UK für die Searchers (das war *Sweets for my Sweet*). Aber ihr schon fast lieblich zu nennender Harmonie-Gesang und ihr luftig-locker schwingender Gitarrensound kommen hier besonders gut zur Geltung, meine ich. Die Searchers sahen „gut" aus, kamen auch aus Liverpool und waren verdientermaßen eine Zeit lang gut in den Charts vertreten. Die Searchers (nicht zu verwechseln mit den Seekers, die auch einige sehr schöne „Folk-Beat" Nummern hinterlassen haben – ähnlicher Name mit ähnlicher, aber leicht anderer Bedeutung) hatten nicht das Songschreibertalent der Beatles, aber dafür das Talent, die Stücke anderer Komponisten mit ihrem wunderbaren Gesang und himmlischem Gitarrenspiel zu veredeln.

Ich habe hier diesen Song gewählt, es hätte auch fast ebenso gut *Sugar And Spice*, *What Have They Done To The Rain*, *When You Walk In The Room* oder der oben erwähnte Song sein können oder einige andere. Ein Platz in den ewigen Annalen der Musikgeschichte ist gesichert.

Auch einige spätere Songs mit veränderter Besetzung kommen dem „Searchers-feeling" noch recht nahe, beachtlich.

NIGHTS IN WHITE SATIN - THE MOODY BLUES

(Justin Hayward)

Ihr Nummer 1 Hit *Go Now* auf dem Höhepunkt des Beatbooms schien mal wieder das Motto „nomen est omen" zu bestätigen. Es folgten einige kleinere Hits, aber generell gesehen verschwanden die Moody Blues einige Jahre lang in der Versenkung.

Das änderte sich schlagartig mit ihrem erst zweiten Album *Days Of Future Past*, das auch schlagartig ihren Stil änderte vom R 'n' B beeinflusstem Pop-Rock der durchaus besseren Sorte zu symphonisch beeinflusstem Prog-Rock der ganz besonderen Sorte.

Ein Meilenstein für progressiven Rock und Konzeptalben, wird auf dem selbstkomponierten Album der Ablauf eines Tages beschrieben, mit gesprochenem Intro (und Outro) nach „klassisch" aufbereitetem Instrumental-Intro, wie auch insgesamt der Sound sehr orchestral ist – The Moody Blues with the London Festival Orchestra lautet die komplette Interpretenangabe, wenn auch der zweite Teil sehr klein geschrieben ist.

Der Beat- und Rockfan musste sich wie im falschen Film fühlen, oder als hätte er die falsche Platte aufgelegt. Doch das Konzept ging auf, sehr erfolgreich sogar, und setzte einen Kontrapunkt in diesen Hippie- und Flower-Power-Zeiten, fügte sich auf seltsame Weise mit seinen oft zarten Tönen aber auch darin ein.

Besonders der Schlusssong **Nights In White Satin** ist leicht schnulzig schmalzig wunderschön, eine Liebesballade erster Güte und brachte es in gekürzter Single-Version, oder mehreren davon, verdientermaßen zum Hit-Status. Nicht ganz so groß wie *Go Now*, dafür aber über die Jahrzehnte (!) immer wieder (da immer wieder „neuveröffentlicht") und insgesamt gesehen vermutlich größer als ihr erster Hit.

Und ja, dieses Album gefiel auch dem nicht so ganz engstirnigen Beat- und Rockfan und legte den Grundstein für eine große Karriere der Band, deren Mitglieder auch teilweise nicht ganz so erfolgreiche, aber sehr spannende Solokarrieren verfolgten, in denen dann auch mal die prägnante Melodik und gekonnte Seichtheit in den Hintergrund traten.

Die Tage der Zukunft sind vergangen und die Nächte wiegen sich in weißem Satin, so könnte die Ewigkeit aussehen.

NINE MILLION BICYCLES - KATIE MELUA
(Mike Batt)

Ein seltsamer Titel für ein Liebeslied, aber wann man zuhört, finden die neun Millionen Fahrräder ihren Platz. Und mit diesem Lied mache ich einen ganz tiefen Griff in die Schmusekiste. Der Komponist Mike Batt ist mit allen Wassern gewaschen, hat viele Hits für viele Künstler geschrieben, ist Arrangeur, Produzent, Dirigent symphonischer Orchester … und der „Entdecker" von Katie Melua.

Mit relativ wenigen Hits hat sich die hübsche Britin georgischer Abstammung weltweit in die Herzen der Hörer gesungen (und sich dabei ein dickes Bankkonto geschaffen, das ihr gerne gegönnt ist) und vor allem dieser Song bringt jeden Stein zum Erweichen und mir eine fette Gänsehaut.

Mit leicht asiatischem Touch in der Melodie (die neun Millionen Fahrräder gibt es in Peking) fließt diese traumhafte Klangwelt sanft dahin und wer sich davon nicht bezaubern lässt, dem ist auch nicht mehr zu helfen.

Wenn es Engel gäbe und sie Stimmen hätten, dann klängen diese wie die von Katie Melua, davon bin ich überzeugt – dass ein Asteroid nach ihr benannt wurde, passt doch bestens dazu! Der schwirrt so ewig durchs Universum wie einen dieser Musiktraum ewig fesselt, nicht nur bis 9 Millionen Fahrräder vorbeigerauscht sind, auch wenn das ein Weilchen dauern dürfte …

NO MORE WALKS IN THE WOOD /
/ HOW LONG - EAGLES

(Don Henley, Stewart Smith & John Hollander // J. D. Souther)

Ui, gemogelt, das sind „eigentlich" zwei Songs. Dazu gleich etwas mehr.

Eagles, da denkt jeder gleich an *Hotel California*, ihren ewigen und ewig wunderbaren Mega-Hit. Aber in diesem Falle habe ich mal nicht das Naheliegende gewählt, ich kann auch anders.

Nach Unterbrechungen und, wie man so erfuhr, ziemlich ekligen Streitigkeiten um Rechte und hohe Geldsummen, erhoben sich die Adler 2007 zu einem erneuten Höhenflug mit dem phänomenalen Doppelalbum *Long Road Out Of Eden*. Oder je weniger Harmonie im früheren Bandgefüge desto bessere im späteren Gesang und Zusammenspiel.

Ausnahmen bestätigen die Regel – also mogele ich in diesem Fall und bei diesem Ausnahmealbum. Der erste Track geht fast nahtlos in den zweiten über, deshalb kann ich mir diesen Trick erlauben, man hat das Gefühl eines Vorspiels mit anschließender Hauptaufführung. Auch die insgesamt knapp (leider nur) fünfeinhalb Minuten rechtfertigen dies als „einen" Song.

No More Walks In The Wood ist ein himmlisch verstörend schönes a capella Stück, das man trotz der sehr sparsamen, gelegentlichen akustischen Gitarre im Hintergrund als solches bezeichnen kann, in dem die zum Quartett geschrumpften Eagles einmal mehr ihre Harmoniekünste unter Beweis stellen. Und kaum ist der letzte Ton verklungen, da fetzen die Gitarren und anderen Instrumente in bester Southern-Manier mit **How Long** los, dass sich die Balken biegen und der Harmoniegesang bleibt auf gleich hohem Niveau. Das gilt für das gesamte Album.

Zweimal Gänsehaut zu Beginn des Albums, die langsam ein wenig nachlässt, aber auch immer wieder aufs Neue prickelt. Ein reifes, ausgereiftes, perfektes und in dieser Qualität unerwartetes Spätwerk dieser famosen Truppe mit dem Motto „Qualität vor Quantität". Hoffentlich nicht ihr letztes.

Keine Spaziergänge mehr im Wald, und wie lange noch ... diese Fragen mag die Ewigkeit beantworten, bis dahin und darin kann man seine Ohren bestens in diesem/n einen/zwei Song/s (und weiteren) baden lassen.

NOTHING ELSE MATTERS - METALLICA
(Hetfield, Ulrich)

Der Vergleich ist sicher etwas schräg und weit hergeholt, aber Metallica könnte man auch ein wenig als die „Beatles" des Heavy Metal bezeichnen. Die letztendlich grundlegende Band für diese Musikrichtung (Black Sabbath, Deep Purple, Led Zeppelin etc. eher auf der Hard Rock Seite, die Grenzen sind fließend), die Anfang der 80er die Welt ein wenig umkrempelte.

Ihre ersten Erfolge in Deutschland liefen in nicht unerheblichem Maße durch meine damalige eigene Firma Wishbone Records*, bevor sie zu groß wurden, aber weiterhin einen soliden Grundstock bildeten.

Metallica schafften es, mit nur geringfügig geänderter Besetzung, sich weiter zu entwickeln und dem Heavy Metal mehr als nur begeistertes/begeisterndes Headbanging einzuverleiben, sondern auch Songs zu schreiben, die im durchgeschüttelten Ohr hängenblieben.

Ganz besonders gilt dies für ihr „Schwarzes Album" (in Analogie zum „Weißen Album" der Beatles, das viele für ihr Meisterwerk halten – falsch, jedes ihrer Alben ist ein Meisterwerk), ein Meilenstein nicht nur für den Schwermetall. Falls jemand diese Musikrichtung nicht mag, sollte er sich vielleicht mal dieses Album anhören, es könnte seine Meinung ändern.

Heavy, schwer, schwarz wie ein Meteorit, der auf die Erde einschlägt. Nicht sinnloses Headbanging, so schön es auch sein mag. Schwere Melodien. Schwere Musik, bleischwer und ein Gift wie Blei, wenn man es einmal im Blut hat – ein wunderbares Gift.

Auch andere Hard Rocker und Metallisten haben viele sehr schöne Liebesballaden kreiert, aber nie so eine bleischwere, trotzdem belebende und stellenweise sogar sanfte wie Metallica mit **Nothing Else Matters**.

Die Ewigkeit mag schwarz sein, aber alles andere macht ja nichts …

* https://de.wikipedia.org/wiki/Wishbone_Records

OH WELL (PARTS 1 & 2) – FLEETWOOD MAC

(Peter Green)

Nun gut, welcher Song von Fleetwood Mac soll's denn sein, da stehen einige Meilensteine zur Auswahl und ich fange gar nicht erst an, jetzt welche davon aufzulisten.

Diese phänomenale Gruppe gibt es für mich zwei Mal, wobei ich, bei allem Respekt, nur die erste, ursprüngliche Inkarnation mit nur wenigen, fließenden Besetzungswechseln als „phänomenal" bezeichne. Diese Formation hatte einige große Hits, aber der richtig

„phänomenale" kommerzielle Erfolg stellte sich nach der Metamorphose zu Fleetwood Mac II ein, ab der ich der Gruppe, wiederholt bei allem Respekt, den Rücken zukehrte. Diese Besetzungswechsel waren nicht fließend, sondern stark richtungsändernd.

Hits waren gar nicht das Anliegen, behaupte ich, von Peter Green's Fleetwood Mac, wie sie sich anfangs nannten, die ergaben sich so nebenbei. Erdiger, wilder Blues britischer Prägung stand auf der Fahne und dabei setzten Fleetwood Mac Maßstäbe, vor allem eben Peter Green mit seinem unnachahmlichen Gitarrenspiel, bei dem er auch oft die Slide-Gitarre benutzte. Wer nicht weiß, was das heißt ... egal, einfach zuhören.

Bei **Oh Well** kam auch das Dobro (oder der, oder die?) zum Einsatz, wer nicht weiß ... s. o. Eher ruhig und fast akustisch beginnend, setzt bald ein fetter Riff ein, der Gesang ist eher ein Sprechgesang, für die Zeit auch ungewöhnlich, und der kurze Text lässt Peter Greens Hang zum religiösen Sektierertum erahnen oder vorausahnen, in dem er leider bald versank, durch Drogen unterstützt, und trotzdem noch ein, zwei gute Solo-Alben veröffentlichte.

Eher ein Instrumentalstück als „Song", wird es dann deutlich ruhiger, ebbt fast ab ... die Single umdrehen, dann geht es noch wunderbar melodisch, rein instrumental und ruhig etwa fünf Minuten lang weiter, ein wenig in der Art ihrer großen Hits wie *Man of the World* oder *Albatross*, nun habe ich doch ein paar genannt.

Auf „LP" gab's **Oh Well** erst etwas später auf einer Version des fantastischen (natürlich) Albums *Then Play On* – damals waren die unterschiedlichen US-

/UK-Versionen zwar schon fast wieder „out", aber eben nur fast. Auch auf späteren Compilations war dieser Ohrenschmaus natürlich durchgängig hörbar, ohne „umdrehen".

Oh Well ist eine gute Essenz der auch damals schon zwei Seiten der ersten Fleetwood Mac Medaille, wobei keine so Pop-orientiert war wie Fleetwood Mac II.

Na gut, Peter Green hat seine Absacker und Durchhänger irgendwie überstanden, tourt immer noch gelegentlich und hat sich nicht nur, aber beispielhaft mit diesem Ohrwurm einen Platz für die Ewigkeit mehr als verdient. [Inzwischen ist er *In The Skies*, so hieß sein zweites Solo-Album. Nach Verfassen dieses Eintrags leider gestorben, tourt er jetzt in der Ewigkeit.]

Oh Well wird/wurde auch häufig gecovert und bietet durch seine Anlage gute Vorlagen für krachende Metal-/Hard Rock-Versionen als auch schmusig-verspielte Akustik-Varianten – oder beides zusammengemixt.

Nun gut …

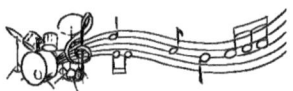

ONLY YOU (AND YOU ALONE) - PLATTERS
(Buck Ram)

Ein Sprung zurück in die 50er Jahre, die große Zeit der „vocal groups" vor allem in den USA.

Der Gesang macht die Musik, die Instrumente im Hintergrund wurden von professionellen Studiomusikern gespielt, die vermutlich oft nur mit einem geringen Obolus abgespeist wurden. (Erst in den 90er Jahren wurde mit „Boygroups" wie Take That usw. oder

„Girlgroups" wie Spice Girls diese Tradition wiederbe-
lebt und ob die Instrumentalmusiker da besser entlohnt
wurden, weiß ich nicht, vermute es aber.)

Einige Jahre vor meinem „Urknall" (Beatles) entstanden, kam dieser Song auch erst einige Jahre danach auf
meinen Plattenteller – wer sich mit Musik beschäftigt,
kommt nicht daran vorbei.

Ein tiefer Griff in die Schmusekiste und in vieler Hinsicht bemerkenswert, bringt dieser „Tearjerker" (mal
wieder ein Wort, das sich nicht wirklich übersetzen
lässt) jeden Stein zum Erweichen. Schnulze,
Schmachtfetzen wären Übersetzungen, aber werden
dem Song nicht gerecht.

Ein simples Liebeslied, vielleicht das beste aller Zeiten, bei dem der damalige Leadsänger Tony Williams
dieser „klassischen" Besetzung sein „O-o-only You-
huhhu" so unnachahmlich beseelt (Soul eben) und
herzergreifend gluckst, trällert und singt, dass … s. o.,
die Sache mit den Steinen.

Es war höchst bemerkenswert, dass eine „Niggertrup-
pe" (ich sage es mal so unverblümt, wie viele Amis im
damals rassistisch geprägten Land … und leider heute
immer noch … es empfunden haben) die Spitze der
Charts eroberte, ungeheuerlich, noch dazu mit einer
Frau in ihren Reihen!

Es war auch die große Zeit des Rock 'n' Roll und die
wunderbaren Harmoniegesänge der Platters fanden
auch Eingang in und waren Vorlagen für so manchen
Rock 'n' Roll Hit. Es war verdientermaßen nicht ihr
einziger großer Erfolg und vielleicht ebneten sie den
Weg für andere schwarze Musiker ein wenig. Wenn es
ein Vorurteil gibt, dann dieses: Schwarze Menschen

haben ein unerreichtes Musikgefühl; nicht jeder, aber viele und viele viel mehr als Menschen anderer Hautfarbe. Das macht sie nicht besser als andere (alle Menschen sind gleich … gut oder schlecht), ist aber ein Grund, besonders stolz darauf zu sein. Ich schweife zu sehr ab, hier geht's um Musik.

Mit seiner Coverversion viele Jahre später versuchte Ringo erst gar nicht, diese Inbrunst zu covern, sondern machte ein lockeres sing-along swing-along Stückchen daraus – ich sage mal „ohne Wertung".

Mit unzähligen Besetzungswechseln und Rechtsstreitigkeiten gibt es die Platters in der einen oder anderen Form immer noch, sprich in mehreren, und ich bin sicher, dass alle das Erbe gut verwalten, das natürlich auch andere großartige Songs umfasst.

Only You (And You Alone) – only this song will melt stones for eternity. Nur dieser Song wird Steine bis in alle Ewigkeit schmelzen lassen, oder die Ewigkeit selbst.

PHOENIX – WISHBONE ASH
(Turner, Upton, Turner, Powell)
Leadgitarre, Rhythmusgitarre, Bass, Schlagzeug und Gesang, das war und ist die gängige Formel für eine „Band". Nicht so bei Wishbone Ash. Zwei Gitarren, warum dann nicht auch zwei Leadgitarren? Das Konzept war nicht völlig neu (Beck/Page bei den Yardbirds, Allman Brothers Band), aber keine Truppe hat es so intensiv ausgekostet und auf den Punkt gebracht

wie Wishbone Ash, die deshalb nicht ganz zu Unrecht als die „Erfinder" des Twin-Guitar-Sounds gelten.

Die Leads wechseln sich nicht nur ab, sondern spielen oft gemeinsam, flirren umeinander herum, ergänzen sich – auch das Konzept von Refrain, Refrain, Solo usw. setzen Wishbone Ash außer Kraft. Ihre Songs sind oft fast ein doppeltes Gitarrensolo von Anfang bis Ende, das brachte schon direkt mit ihrem überwältigenden Debut-Album im Jahr 1970 ein neues Hör- und Musikerlebnis.

Bis heute ist der typische, unverwechselbare Wishbone Ash-Sound trotz vieler Umbesetzungen und nur noch Andy Powell als Original-Mitglied auf den Bühnen dieser Welt unterwegs, mit gelegentlichen neuen, immer guten Alben.

Wishbone Ash ist eine meiner absoluten Lieblingsbands, Top Ten mindestens, und keine andere Band habe ich öfter live gesehen/gehört, da reichen zwei Hände bei weitem nicht aus. Stopp, bevor ich zu sehr ins Schwärmen komme.

Viele Songs von Wishbone Ash sind eigentlich für die Ewigkeit qualifiziert, ich will gar nicht erst anfangen, sie aufzuzählen, sondern muss und will meine Wahl treffen. Gesang war nie ihre Stärke, obwohl Andy mit den Jahren immer besser und sicherer wurde, aber was soll auch der Gesang, wenn wir diese zwei Gitarren mit ihren angenehm leicht schrillen, hohen Tönen mit satter, kompetenter Bass-Drum-Grundlage haben, die das Gehirn durchpusten?

Mit einem Drum-Roll beginnend und vorsichtig einsetzenden Gitarren, fettem Bass, steigert sich **Phoenix** unaufhörlich, der spärliche Gesang wird eher wie ein

Instrument eingesetzt und rechtfertigt so gerade noch die Bezeichnung „Song" – man könnte auch sagen, der Gesang stört das Gitarrengewitter dieses „Instrumentals" nicht. Breaks, Tempowechsel – einmal mehr ein Lehrstück in Sachen Dynamik. Und Gitarren, Gitarren … etwas länger als 10 Minuten lässt sich diese Urversion genießen, seitdem in vielen Live-Versionen mit wechselnden Gitarristen an Andys Seite gehört (und auf Live-Alben veröffentlicht), teilweise 20 Minuten und länger, immer wieder klasse, immer wieder anders und seit 50 Jahren ein fester Bestandteil des Live-Programms.

Also kann die Wahl gerade dieses Songs von Wishbone Ash nicht ganz verkehrt sein, der Phönix wird auf ewig wieder und wieder aus der Asche aufsteigen!

RED HOT - ROBERT GORDON
(William Emerson)

Die 70er gehen allmählich in den Endspurt, Glam Rock ist angesagt, Punk wirft seinen Schatten voraus, da taucht Robert Gordon auf – Schmalztolle, Western-Hemd … das war doch etwa vor 20 Jahren angesagt?

Der Nachsatz „… with Link Wray" lässt schon erahnen, dass wir trotzdem nicht 20 Jahre zu spät sind, und für Rock 'n' Roll ist es sowieso nie zu spät. Robert Gordon präsentiert auf seinem ersten Album Rock 'n' Roll Standards auf moderne Weise, nicht zuletzt dank Link Wray, mit einer Stimme wie aus den besten 50er Jahren, u. a. auch den ewigen *Summertime Blues*.

Aber vor allem gleich der erste Track **Red Hot** fetzt los, dass kein Auge trocken und kein Bein ruhig bleiben kann. Eine Lehrstunde für Rock 'n' Roll, eine Essenz dieses grundlegenden Stils, klasse Drumfills, Gitarrenläufe und Honky-Tonk-Piano inklusive. Wer dabei ruhig sitzen bleiben kann, muss taub oder gelähmt sein.

Ich habe Robert Gordon nicht weiter verfolgt, zu meiner Schande muss ich das gestehen, mal wieder was für die To-Do-Liste. Genau so kurz und knackig wie dieser Kracher ist dieser Eintrag.

Aber hiermit kann man zeitlos bis in alle Ewigkeit abrocken, bis der Boden rotheiß glüht.

RIDERS ON THE STORM - THE DOORS
(The Doors)

Ha, bei dieser Band hätte sicher jeder *Light My Fire* erwartet, aber ich kann auch mal überraschen. OK, *Light My Fire* wäre keine schlechte Wahl, ebenso wenig wie *The End* (hervorragender Soundtrack zum ebenso hervorragenden Film *Apocalypse Now* und nicht zu verwechseln mit dem Beatles-Song gleichen Namens) oder manche andere hervorragende Songs der „Türen", *L.A. Woman* z. B. und, und, und …

Leider war den Doors nur ein relativ kurzes Zeitfenster beschieden, abrupt zugeschlagen durch den tragischen Tod von Jim Morrison. Versuche der drei hinterbliebenen Kollegen, die Türen offen zu halten, waren von weniger Erfolg gekrönt. Die Alben mit Jim Morrison sind ein beeindruckendes Gesamtwerk und ihr Schaffen ist ein unverzichtbares Erbe.

Diese Reiter auf dem Sturm verbreiten eine ganz besondere Atmosphäre mit ihrem sanft schwingenden Hintergrund und Jim Morrsions wie immer charismatischem Gesang, Donner- und Wettergrollen inklusive.

Seltsamerweise ist dieser Song gar nicht stürmisch und die Reiter trappeln eher gemächlich vor sich hin, vielleicht ist es dieser Gegensatz, der die Magie schafft. In der Ruhe liegt die Kraft für die Ewigkeit.

Wer sich davon nicht gefangen fühlt, der sollte sein Feuer entzünden, vielleicht hilft das, manche Türen einzutreten.

SABRE DANCE - LOVE SCULPTURE

(Aram Khachaturian, arr. Edmunds)

Wales ist der ländliche Hinterhof Englands, aber dass es auch da hervorragende Musiker gibt, bewies nicht zuletzt schon Ende der 60er Jahre das Trio Love Sculpture mit seinen nur zwei gigantischen Alben, sträflich vernachlässigt und seiner Zeit voraus.

Kopf der Gruppe und „Axe-Swinger" par excellence war Dave Edmunds, der mit seinem Gitarrengewitter fast jeden Lautsprecher zum Bersten bringen konnte. Ein ganz besonderes Beispiel für solch ein Gewitter ist dieser Säbeltanz, einmal mehr kein „Song", sondern ein überbordendes Instrumentalstück, auf einer „klassischen" Komposition basierend. („Klassik" in meinem

Sinne ist übrigens ganz allgemein die Musik, um die es in diesem Buch geht. Punkt.)

Elfeinhalb Minuten lang lässt Dave seine Gitarre in bis dato kaum gehörter Weise tanzen, nicht nur auf diesem Parforceritt. Vergleiche mit Hendrix, Clapton, Beck, Page und und und … stellen ihn auf eine Stufe mit diesen Helden. Von Bass und Drums getrieben wirbelt er mit den Säbeln, äh, ich meine mit seiner „Klampfe", dass einem Hören und Sehen vergeht. Nein, das Hören soll nicht vergehen, im Gegenteil, da schlackert man nur noch mit den Ohren! In verkürzter Form tanzten die Säbel auch hoch in die britischen Charts.

Gute Kritiken, überschaubarer kommerzieller Erfolg – davon ließ sich der Hans-Dampf-in-allen-Gassen Dave Edmunds nicht unterkriegen, wandte sich als Künstler, Songschreiber, Produzent und Multi-Instrumentalist der rockigeren Pop-Musik zu, hatte Hits (*I Hear You Knocking* und andere), tolle Alben und spielte eine nicht unerhebliche Rolle für den später aufkommenden Pub-Rock. Eine andere, höchst verdiente Erfolgsgeschichte.

Und diese Säbelgitarre oder Gitarrensäbel tanzen unwiderstehlich bis in alle Ewigkeit.

SAN FRANCISCO - SCOTT MCKENZIE
(John Phillips)

Viele Songs tragen den Namen der angeblichen oder tatsächlichen Hippie-Hauptstadt **San Francisco** im Titel, aber keiner so kurz und prägnant wie dieser (mit dafür ellenlangem Klammer-Untertitel (*Be Sure to Wear [Some] Flowers in Your Hair*)).

Ebenso kurz wie der Haupttitel war die Karriere des Sängers, der sich damit aber einen Platz für die Ewigkeit gesichert hat, auf eine der meistverkauften Singles der 60er Jahre stolz sein kann und in die Annalen der Musikgeschichte eingegangen ist.

DER Sommer-Song 1967, schmilzt sich diese wunderbare Melodie mit ihrem luftig-leicht schwingenden Gitarrensound, unterlegt mit lockerem Beat und etwas Glockenspiel und überbaut mit Scotts sehr angenehm einschmeichelnder Stimme unabänderlich in die Gehörgänge und Hirnwindungen ein. Man möchte davonschweben und auf immer in/auf dieser Glücksinsel **San Francisco** verweilen. Das regt die Hörnerven und alle anderen zu prickelnder Tätigkeit an – wir können zwar nicht wie Gänse fliegen, außer in Gedanken, aber ihre Haut nachahmen …

Dieser Song riecht, schmeckt und vor allem klingt nach Freiheit und grenzenlosem Wohlgefühl, er atmet sie, wie es wohl nur zu Flower-Power-Zeiten möglich sein konnte.

Nicht von ihm selbst geschrieben, sondern von John Phillips von den Mamas and Papas (siehe dort), der hier auch mitspielt, dürfte dieser göttliche Song trotzdem ausreichend gewesen sein, das Leben von Scott McKenzie (✝ 2012) angenehm zu gestalten, was ihm herzlich gegönnt ist/war.

SEE EMILY PLAY - PINK FLOYD

(Syd Barrett)

Ich glaube, bei keinem anderen Künstler fiel mir die Wahl eines Songs so schwer wie bei Pink Floyd (haha, habe ich schon öfter geschrieben), einem der ganz großen „Mega-Acts" aller Zeiten. Trotz des kombinierten Namens zweier Blues-Musiker hatten diese Londoner Jungs mit Blues herzlich wenig zu tun – ihre ungewöhnlichen Kreationen waren schon zu Beginn ihrer Zeit der allgemeinen weit voraus. Ins Weltgedächtnis (das ist noch eine Stufe über dem Weltmusikgedächtnis) ähnlich eingeimpft wie die Beatles an ewig unerreicht erster Stelle, Rolling Stones und wenigen anderen auf folgenden Plätzen ist es müßig, hier viel zu Pink Floyd zu sagen.

Trotzdem will ich noch etwas weiter plaudern. Die ersten beiden Hits *Arnold Layne* und **See Emily Play** ließen nicht nur mich aufhorchen – schon wieder neue Sounds in den so unermesslich reichen und innovativen 60ern! Das kurz darauf folgende erste Album *The Piper At The Gates Of Dawn* hörte ich mir zumindest teilweise in einer „Hörzelle" (ähnlich wie eine Telefonzelle) im legendären HMV Shop auf der Oxford Street an … und war etwas enttäuscht. In diesen Zellen durfte man die Scheiben sogar selbst auflegen, wunderbare Zeiten! Vielleicht hatte ich die beiden grandiosen Tracks *Astronomy Domine* und *Interstellar Overdrive* übersprungen oder war noch nicht bereit dafür, keine Ahnung, und für die ungewöhnlichen anderen Stück auch nicht. Beide genannten tauchten dann ja noch grandioser auf *Ummagumma* auf.

Wie auch immer, spätestens mit diesem Doppelalbum wurde ich zum absolut überzeugten PF-Jünger, alle ihre Werke betreffend. Oft live gesehen, in den ersten Jahren, später auch mit ihren überwältigenden Multi-Media-Bühnenshows. Multi-Media war sozusagen auch eins ihrer Konzerte an der Côte d'Azur, bei dem die Lautsprecher rundum in den Bäumen verteilt waren – echter Surround-Sound! Und ich hatte das Glück, dabei zu sein.

Auf Hits waren Pink Floyd nie wirklich ausgerichtet, sie hatten ihre Hits in den immer wichtiger werdenden Album-Charts, die sie aufrollten und mit *The Dark Side Of The Moon* und *Wish You Were Here* viele Rekorde brachen, die teilweise heute noch Bestand haben. Diese Alben und andere bieten reichlich Stoff für die Ewigkeit.

Entschieden habe ich mich hier schließlich für **See Emily Play**, weil dieser Song, so kurz er untypischerweise ist (verglichen mit späteren Kompositionen), schon alles beinhaltet, was die Gruppe ausmacht („Pink Floyd in a nutshell" würde der Engländer sagen). Rock, Rhythmus, spacige Sounds, wundervolle, oft leichte Melodien mit manchmal leichtem Hang zur Melancholie, Dynamik – die typische, absolut einzigartige Pink Floyd-Mixtur in Reinkultur.

Besonders bemerkenswert ist, dass dieser Song vom Gründungsmitglied Syd Barrett komponiert wurde, der damit den Weg vorzeichnete, der nie verlassen wurde, obwohl er schon nach kurzer Zeit ausschied, zum psychiatrischen Fall wurde und mit zwei späteren Solo-Alben wenig kommerziellen Erfolg hatte, aber zur lebenden Legende wurde (die mit seinem Tod 2006 einerseits endete, aber doch fortbesteht). Bevor er ausschied, kam schon David Gilmour hinzu und für eine sehr kurze Zeit war die Truppe ein Fünfer.

Außer den Beatles gibt es vermutlich keine andere Gruppe mit mehr Coverbands, die, wie man hört und liest, zum Teil das Original perfekt wiedergeben.

Mir genügen meine Erinnerungen an die Originale. Und auch ähnlich wie bei den Beatles oder den Who, trotz so völlig anderer Musik, gilt auch für Pink Floyd: Nur diese vier Mitglieder (nach Syd Barrett), keine anderen, auch wenn Roger Waters später die Gruppe verließ, machen die Gruppe aus. Ergänzende Studio- oder Live-Musiker waren immer nur gemietet, nie Mitglieder.

Es ist ein nie enden wollendes Vergnügen, Emily bis in alle Ewigkeit mit diesen herrlichen Klangwundern spielen zu sehen – und zu hören!

SEPTEMBER PARTS 1 & 2 – PETER & THE TEST TUBE BABIES

(Peter & The Test Tube Babies)

Ich bin kein großer Punker, obwohl ich die Punk-Musik und ihre Einflüsse durchaus schätze (und mancher bei „Punk-Musik" vielleicht die Ohren runzelt). Auch mit den Songs ist das so eine Sache beim Punk, Punk eben …

Aber beim Punk ist (fast) alles erlaubt, also schäme ich mich auch nicht, hier ein bisschen zu mogeln, denn auf dem Album mit genialem Cover und ebenso genialem

Titel *The Mating Sounds Of South American Frogs* („Die Balzgeräusche süd-amerikanischer Frösche") gibt es **September Part 1** und **September Part 2**, also genau genommen zwei Songs.

Zuerst denkt man, die Platte ist kaputt, denn es ertönt nichts, bis sich langsam, gaaanz langsam, quakende Balzgeräusche süd-amerikanischer (nehme ich an) Frösche vernehmen lassen, mit Grillengezirpe unterlegt. Es wird lauter, lauter, Drums kommen auf, sirrende, schwirrende Gitarrenriffs übernehmen das Kommando und ein fetter konträrer Riff brettert darüber, dass den Fröschen alles Gequake vergeht. Das ist ein Fest für jeden Gitarrenfan, Peter lässt uns wissen, dass er nicht mehr bis **September** warten kann (mehr nicht und worauf auch immer) und wer sich noch mehr in diesem Sound suhlen möchte, wird nach eineinhalb Minuten bitter enttäuscht.

Doch Halt! Das war Part 1 als Einsteiger, nach 10 weiteren starken Stücken – mit einer deftigen Mischung aus Punk und einer gehörigen Portion Rock gibt's gut was auf die Ohren – kommt Part 2 als letzter Track, setzt mit pumpendem Bass dieses wunderbar sirrend flirrende Gitarrenspiel und die brachialen Kontra-Riffs fort, Peter erinnert noch ein, zwei Mal daran, dass er nicht warten kann, weiter geht's zum Glück mit diesen herrlichen Sounds, bis sich das Tempo mehr und mehr verlangsamt, in völlig punk-untypisches, schon fast psychedelisches Gewaber übergeht und sich schließlich die Frösche wieder bemerkbar machen.

Nach einem Moment der Stille setzt ein fettes „Quak" (das wie ein fetter Pups klingt) den Schlusspunk(t).

Ich warte garantiert nicht bis **September**, um mir dieses grandiose Werk immer mal wieder anzuhören. Diesem Gitarrenschmaus könnte ich ewig lauschen, mit oder ohne Frösche.

Ob diese ihre Tantiemen erhalten haben, weiß ich nicht – vielleicht eine Extra-Portion Fliegen.

SOMETIMES I FEEL LIKE SCREAMING - DEEP PURPLE

(Ian Gillan, Roger Glover, Jon Lord, Steve Morse, Ian Paice)

In manchen Fällen ist es unvermeidbar, dass ein Künstler bzw. eine Gruppe hier zwei Mal auftaucht.

Dieser Monster-Track ist so ein Fall – von dem Album *Purpendicular*, 26 Jahre nach *Deep Purple in Rock* mit *Child in Time* (siehe dort). Und dies sind für mich auch die besten beiden Deep Purple Alben, wobei natürlich alle klasse sind, mit Abstufungen, und unverzichtbar. Zum tief purpurnen Glück scheinen sie nie aufzuhören. [Erst neulich ist ihr neuestes Werk WHOOSH! erscheinen – ein weiteres klasse Album!]

Fast in gleicher Besetzung wie bei *Child in Time*, außer dass nun (bis heute) Steve Morse die Rolle von Ritchie Blackmore übernommen hat. Erz-Ritchie Blackmore-Fans mögen mich steinigen, und ich schätze ihn sehr, aber halte Steve für den besten Gitarristen, den Deep Purple je hatten – und überhaupt für einen der besten seiner Zunft.

Ähnlich wie *Child in Time* beginnt das Stück verhalten, Ian Gillans Stimme merkt man die Jahre an, aber durchaus in positivem Sinne, und dann fetzt es los, immer mal wieder etwas ruhiger werdend, dann wieder wilder – und fast von Beginn an frisst sich Steves Gitarrenlick in alle Knochen ein, inklusive verzehrendem Solo, sich wiederholend bis fast zum geht-nicht-mehr, und so hammerstark! Ian kann auch fast noch so herrlich kreischen wie früher.

Mir fallen hier keine besseren Worte mehr ein, als mich selbst aus meinem Buch* zu zitieren:

„Steve Morse's repetitives Gitarrensolo zerpflückt immer noch und immer wieder und jedes Mal, wenn ich dieses geniale Meisterwerk höre, meine Haut in jede einzelne Zelle, schneidet Herz, Seele und Hirn in Stücke, lässt Tränen fließen, Rücken und Schultern verkrampfen – einzigartig! Tränen sind nicht immer Zeichen von Trauer und Unglück, sondern auch von Glück, Freude und Begeisterung, gerade bei solch einzigartigen Kunstwerken.

Mit anderen Worten und kürzer gesagt: Das haut mir voll auf die Glocke! Hört sich bekloppt an, ist aber so. Irgendwie greifen diese Töne wohl zufällig so in meine Psyche ein wie ein einziger Schlüssel zum Hochsicherheitstrakt von Fort Knox; meine Synapsen feiern Weihnachten, Ostern, Geburtstag und den ersten Sex zusammen. Diese überwältigende Reaktion hervorzurufen gelingt einigen sehr wenigen anderen Stücken ansatzweise. LAUT muss man das hören. Vielleicht erweckt mich das ja dann aus dem nicht mehr allzu lange (aber hoffentlich noch lange) entfernten Grab."

Ein weiteres Opus (der wenigen), das auf meiner Be-erdigung gespielt werden soll.

* Ferdinand Köther: Ich glaube an Hühner / BoD,
ISBN 978-3-739206356

SPACE ODDITY - DAVID BOWIE
(David Bowie)

Bowie, das Chamäleon … und natürlich hieß er auch nicht wirklich so, aber das gilt für viele andere Künstler auch (dass sie sich einen Künstlernamen zulegten). Gleich sein erster Hit hat ihn in die Ewigkeit katapultiert, in die Unendlichkeit des Alls. Inspiriert vom Mega-Film *2001: A Space Odyssey* hat Bowie den Titel leicht abgewandelt und ein Opus für die Ewigkeit geschrieben und gesungen, mit kaum hörbarem akustischem Intro und leicht Pink Floyd-ähnlichen Elementen, ohne dabei zu „klauen".

Im Gegenteil hat David Robert Jones alias Bowie manche Trends gesetzt oder zumindest beeinflusst und man konnte nie wissen, was von ihm zu erwarten war, daher sein Spitzname. Diese Sprunghaftigkeit war sein Markenzeichen und vielleicht ein Grund, warum ich bei allem hohen Respekt nie ein großer Fan war, mit Wertschätzung so mancher anderer klasse Songs, die er komponiert und vorgetragen hat.

Vielleicht wusste er selbst nie so genau, wo er stand oder wohin die Reise gehen sollte und hat dabei einige Meilensteine hinterlassen, aber auch manche weniger erwähnenswerte Werke. Ein großer Star am Pop-Rock-

Himmel, dessen Seltsamkeit (Oddity) mit diesem eindringlichen Song über die einsame Reise ins Nirgendwo bis in alle Ewigkeit im Universum fest verankert ist und die gnadenlose Unendlichkeit erahnen lässt …

STAIRWAY TO HEAVEN - LED ZEPPELIN
(Page, Plant)

Oh, Led Zeppelin, mal wieder ein großer Grund für mich zum Jammern. Nicht über Led Zeppelin, im Gegenteil, aber über die Auswahl eines Songs dieser absolut unerreichten, stilbildenden Jahrhunderttruppe.

Aber was erzähle ich, das weiß doch jeder, mag aber heutzutage möglicherweise etwas in den Hintergrund geraten sein. Fast jeder ihrer Songs, oder viele, haben die Qualität eines „Ewigkeitssongs" – vielleicht nicht unbedingt von den späteren Alben, die aber definitiv auch ihre große Klasse haben, Led Zeppelin eben.

Mit kaum einer anderen Band habe ich mich mehr identifiziert (außer den Beatles natürlich, aber die waren keine „Band" – sie waren die Beatles) und außer Wishbone Ash habe ich wohl keine andere Band, OK, ich bleibe bei dem Begriff, öfter live erlebt. Erstmals 1969 im Marquee in London (wie viele andere Konzerte auch in meinem Buch* beschrieben), letztmals in der Westfalenhalle Dortmund 1980 relativ kurz vor Bonzos Tod, und damit auch dem Tod der Band. Und dazwischen natürlich einige Male.

Schon ihr erstes Album schlug ein wie eine Bombe, war eine Bombe, gefolgt von weiteren, und wer, außer

Pink Floyd, konnte es sich schon erlauben, ein Album ohne Namen auf dem Cover zu veröffentlichen!? (Selbst auf dem *White Album* der Beatles war der Name als erhabene Schrift vorhanden.)

Dieses Album war das vierte und wird deshalb oft u. a. auch *Led Zeppelin IV* genannt (auch das erste hieß nur *Led Zeppelin*) und enthält diesen fantastischen, epischen Song, vielleicht DEN Song von Led Zeppelin und vielleicht ist jetzt mancher von meiner Wahl etwas enttäuscht, denn sie ist so offensichtlich.

Aber „offensichtlich", „allseits bekannt" usw. heißt ja nicht „schlecht" oder „weniger gut". Das getragene, akustische Intro mit für Led Zeppelin ungewöhnlicher Flöte (oder Synthie?), Roberts wie immer eindringlichen, intensiven Vocals, die Steigerung, Stück für Stück, Treppe für Treppe, die er mit seinem engelsgleichen blonden Lockenhaar zum Himmel emporsteigt, Jimmys fulminantes Gitarrensolo zum Schluss – das sorgt 8 Minuten lang für Gänsehaut und obwohl nie als Single erschienen, ist **Stairway To Heaven** vermutlich der größte Hit von Led Zeppelin, das Album war sowieso einer, wie alle anderen. [Ganz aktuell, kurz vor Drucklegung: Der Plagiatsvorwurf, angeblich vom Song *Taurus* der Gruppe Spirit „geklaut" zu haben, wurde endgültig abgewiesen. Gut so.]

Der Fantasy-Text lässt sich so oder so interpretieren (oder auch gar nicht), aber wer diese Treppe zum Himmel betritt wünscht sich, dass sie bis in alle Ewigkeit weitergeht, höher und höher, der Himmel ist unendlich weit entfernt …

---

* Ferdinand Köther: Ich glaube an Hühner / BoD, ISBN 978-3-739206356

STARLESS - KING CRIMSON
(Cross, Fripp, Wetton, Palmer-James)
Wie an anderer Stelle erwähnt, oder hier erstmals, falls man die andere Stelle noch nicht gelesen hat, kann ich es nicht vermeiden, hier manche Künstler (zwei, um genau zu sein) zwei Mal auftauchen zu lassen.

Wie schon *Epitaph* (siehe da) ist **Starless** von King Crimson kein „Hit" für die und aus den Charts, aber ein gewaltiges Opus (mehr als 12 Minuten lang), das in keiner Musiksammlung fehlen darf – sage ich.

Es fängt sooo schön, melodiös und sanft an, bald kommt John Wettons herrlich kraftvolle Stimme hinzu, es steigert sich langsam, schwillt wieder ab, mit perlenden Bass- und Gitarrenläufen (ich will nicht schon wieder die Dynamik bemühen ...), Mellotron, akzentuierte Percussionelemente, es steigert sich, steigert sich (singen tut schon lange niemand mehr), kreischende Geräusche gesellen sich hinzu, es steigert sich, ein Saxofon, angenehm bis jazzig schrill, mischt sich ins Getümmel ein. Ein Break, noch mehr kreischende Geräusche über allen anderen Instrumenten, das Chaos bricht aus, da sind starke Nerven gefragt.

Dann diese wundervoll transparente, das Chaos auflösende Melodie, satt und fett, kurz bevor man den Strom ausschalten möchte, um diesem Klanggewitter zu entgehen – Musik ist mit Worten schwer zu beschreiben. Ein herrlicher, unbeschreiblicher (sagte ich schon) Gegensatz und die Ohren und Nerven fühlen sich zum Schluss in etwa so wie die Katze, die aus der Waschmaschine entlassen wurde.

Im Prinzip ein Instrumentalstück, ist dieses Stück ein King Crimson-typisches Werk, die Essenz. Es bietet diesen trotz häufig wechselnder Besetzung (immer die Besten der Besten) unverwechselbaren King Crimson-Sound in höchster Vollendung, dafür sorgt Mastermind Robert Fripp.

Starless ist nichts für schwache Nerven und nur Pop-gewohnte Ohren.

„Starless and Bible Black …" (Textauszug) – der Soundtrack für die Ewigkeit, in dem man schwelgen oder vor dem man schreiend davonlaufen kann, auch wenn es schon lange keine Sterne am Firmament mehr gibt.

STILL I'M SAD - YARDBIRDS

(Paul Samwell-Smith, Jim McCarty)

Welche Gruppe kann schon behaupten, drei der größten Gitarrenspieler aller Zeiten in ihren Reihen gehabt zu haben?

Diese Ehre gehört den „Hofvögeln" oder „Hühnern" – bei ihnen ging es zu wie im Hühnerstall, das hochkarätige Personal betreffend. Rein und raus, Gepicke inklusive.

Im Rahmen ihrer nicht sonderlich vielen (aber wunderbaren) Hits zu Hochzeiten des Beat-Booms ist **Still I'm Sad** absolut untypisch sowohl für die Zeit als auch die Gruppe selbst und greift weit vor auf den einige

Jahrzehnte später kurzzeitig in der Pop-Welt „angesagten" gregorianischen Gesang.

Dieser einlullende, hallende Chorgesang prägt das Stück, ein Exot in den damals bunten, poppigen Charts. Ohne bemerkenswerte Akzente von Jeff Beck (Leadgitarrist zu dieser Zeit) schleicht sich die betörende, traurig-melancholische Melodie als Gesamtkunstwerk in die Gehörgänge und Gehirnwindungen ein.

Ein schaurig-traurig schöner Hühnersong für die Ewigkeit, und bevor ich anfange noch mehr über die Yardbirds zu schreiben höre ich lieber auf, denn sonst nimmt das Gackern kein Ende ... aber traurig bin ich nicht, sondern froh, dass sie diesen schönen Song kreiert haben.

STRANGLEHOLD - TED NUGENT
(Ted Nugent, Rob Grange)

Ted Nugent ist ein Arschloch. Sage ich mal einfach so, er wird's nicht lesen, wenn doch, umso besser.

Ich meine nicht sein Tarzan-Gehabe, das kann man durchaus durchgehen lassen – das rockt, und Tarzan ist OK – aber einen Anhänger der NRA, Waffennarr und Großwildjäger kann ich einfach nicht anders bezeichnen. Ist eigentlich schon mal jemandem aufgefallen, dass alle „Jäger" heutzutage gar keine solchen sind, sondern feige Tiermörder mit purer Mordlust, die lediglich aus sicherem Hinterhalt ihre wehrlosen Opfer abknallen? „Hegen und Pflegen" – Blödsinn, die Natur hegt und pflegt sich selbst und die rücksichtslose Menschheit stört sie dabei schon mehr als genug …, anderes Thema, ich schweife zu sehr ab.

Hier geht's um Musik, und wenn man nur die betrachtet, ist Ted Nugent ein sehr beachtenswerter Rocker. Punkt. Viele starke Stücke und Alben, aber unübertroffen ist der erste Song seines ersten Solo-Albums, nach bemerkenswertem Karriere-Start mit den Amboy Dukes.

Das Gitarren-Intro fetzt, dann setzt von wuchtigem Schlagzeug begleitet dieser wunderbar rollende, rockende (Rock 'n' Roll eben) Gitarrenlick ein, sich immer wiederholend, tolles Solo, und die von mir geliebte Dynamik und Melodie kommen auch nicht zu kurz. Ein wenig trägt Ted Nugent auch zum Gesang bei, überlässt das aber weitgehend jemandem, der das noch besser kann und konzentriert sich auf seine Musik-Waffe.

Trotz des martialischen Titels **Stranglehold** („Würgegriff", aha, Ted Nugent …) und ebenso martialischen Textes (aber sogar Paul McCartney hat einen Song namens *Stranglehold* geschrieben) ist dies ein Rocker par excellence, der einen mehr als 8 Minuten lang in einen Hörgenuss-Rausch versetzen kann oder, anders ausgedrückt, die Ohren in den Würgegriff nimmt … in diesem Fall bin ich gerne ewig und immer wieder wehrloses Opfer.

Ted Nugent sollte sich auf das Schießen und Volltreffer-Breitse(a)iten mit seiner Gitarre beschränken, das kann er so wunderbar, ohne dabei Böcke zu schießen.

SUMMERTIME - BRAINBOX
(George Gershwin, DuBose Heyward, Ira Gershwin)

Nicht nur Reisen bildet, auch Bücher schreiben (und lesen). Da dachte ich doch immer, *Yesterday* von den Beatles sei mit etwa 3000 Versionen der meist gecoverte Song aller Zeiten, und das denken viele. Weit gefehlt – dieser Musical-Song (Porgy & Bess) aus den 50er Jahren ... halt, noch mal weit gefehlt! Aus den 30er Jahren, unglaublich, Billie Holiday hatte damit bereits 1936 einen Hit!

Circa 25 bis 30 Tausend Versionen gibt es angeblich von **Summertime**, und das seit den 1930er Jahren bis in die 2020er und, da bin ich sicher, auch weit darüber hinaus. Wenn das keine Qualifikation eines Songs für die „Ewigkeit" ist, dann weiß ich nicht, was eine dafür nötige Qualifikation sein soll. Dieser Rekord (auch wenn ich meine leichten Zweifel hege – es kommt auch auf die Lesart einer „Version" an) wird vermutlich auch für die Ewigkeit unerreicht bleiben.

Oft oder sogar meistens ist ein Song ganz eng mit einem bestimmten Künstler verknüpft (wobei „Künstler" die „Gruppen" einschließt), das ist hier nicht der Fall bzw. falls, dann mit dem bzw. den Komponisten. Welche der angeblich fast 30 Tausend Versionen soll ich denn nur nehmen, zumal, ich gebe es zu, ich nicht alle kenne, haha!

Die jüngste mir bekannte Version von Lana Del Rey ist genau so schön und relaxed wie ein lauer Sommertag, an dem außer sattem Wohlgefühl und ein paar Schäfchenwolken am blauen Himmel nichts passiert, und das meine ich durchaus positiv. Und Janis Joplin hat mit der Big Brother and the Holding Company auch eine famose Interpretation abgeliefert, die unvergleichlichen Love Sculpture (siehe da, Eintrag mit anderem Song) ebenfalls, und … und …

Aber „meine" Version ist die rockig-bluesige dieser niederländischen Formation, die überhaupt sehr empfehlenswert ist. Der grundlegende Orgelsound ist nicht majestätisch brausend, sondern kernig-mahlend und der junge Jan Akkerman zeigt seine Virtuosität an der Gitarre in perfekter Kombination mit der angenehm leicht kratzigen Stimme von Kazimir Lux.

Rockig-bluesig, aber trotzdem ein entspannter Sommertag, an dem musikalisch etwas mehr passiert. Bis ich alle Versionen kenne, wird es noch eine Ewigkeit dauern, aber diese wird ewig zu den besten gehören.

SUMMERTIME BLUES - EDDIE COCHRAN
(Jerry Capehart, Eddie Cochran)

Ich höre sie rufen – „Hey, warum nimmst du nicht die Version der Who, oder Grand Funk Railroad, oder, oder, oder …?" Ganz zu schweigen von der äußerst formidablen Version von Rush.

Gute Frage, einfache Antwort: Weil bei den vielen tollen Versionen die Wahl schwer fällt und hier dem Künstler ein Denkmal gesetzt werden soll, der diesen grundlegend grandiosen Rock 'n' Roll Song geschrieben hat, zusammen mit seinem Manager – und auch erstmals veröffentlicht.

Seine originale, urwüchsige Version hat noch ein leichtes Country-Feeling, war aber für die Zeit (1958) schon ein starkes Stück, in jeder Beziehung. Wenn ich es damals schon gehört hätte, wäre ich vermutlich noch eher zum Rock-Jünger geworden.

Ein wenig Elvis-look-alike (dafür kann er nix und schadet auch nicht), hat Eddie Cochran aber auch viele seiner Hits (u. a. *Three Steps to Heaven, Somethin' Else, C'mon Everybody* – besonders beide letztere für die Zeit schon recht „heftig") und andere Stücke zumindest mitkomponiert (und nix gegen Elvis), außerdem war er ein großartiger Gitarrist seiner Zeit, möglicherweise Mit-Erfinder (was zu beweisen oder widerlegen wäre) des Duane Eddy zugeschriebenen „Twang-Sounds". Zumindest kannten und schätzten sich die beiden.

Seine Stimme konnte rau-rockig klingen oder sanft elvismäßig mit allen Zwischennuancen.

Tatsächlich hatte ich überlegt, hier die Who-Version zu nehmen, oder Grand Funk Railroad, oder Rush, aber von den Who gibt es so viele unvergleichliche Eigenkompositionen, dass da schon die Auswahl gewaltig und schwierig genug ist. Die Live-Version der Who ist vielleicht die bekannteste dieses Klassikers – und es gibt sogar eine Studio-Version von ihnen, wenig bekannt.

Summertime Blues ist einer der am häufigsten gecoverten Rock 'n' Roll Songs der 50er Jahre, absolut zu Recht! Sogar die Beach Boys haben die Tantiemen in Eddies Kasse klingeln lassen – oder vielmehr in der

Kasse seiner Nachlassverwalter, denn er starb leider viel zu früh, 1960 bei einem Autounfall in Großbritannien!

Ich schweife weit ab, aber gerne doch – Hintergrundinformationen und so.

Mit *Three Stars* (nicht von ihm komponiert) hat Eddie Cochran übrigens auch ein Denkmal für Buddy Holly, Big Bopper und Ritchie Valens gesetzt, wenn auch nicht ganz so beeindruckend wie Mike Berry and the Outlaws mit ihrem *Tribute to Buddy Holly* (siehe da), aber bemerkenswert.

Doch mit **Summertime Blues** hat er sich auf jeden Fall und mehr als verdientermaßen selbst sein eigenes Denkmal für die Ewigkeit gesetzt!

THE AIR THAT I BREATHE - HOLLIES
(Hammond, Hazlewood))

Die zahlreichen tollen Hits der Hollies sind ein enorm wichtiger Bestandteil des „Soundtracks" der 60er Jahre und der Beat-Explosion.

Der Beat war da, aber auch ein sehr typischer, unverwechselbar wundervoller Harmoniegesang, einhergehend mit herrlich perlenden, fließenden Melodien und großem musikalischem Können (nicht, dass ich dies anderen absprechen möchte, aber die Hollies hatten schon besonders laut „Hier!" gerufen, als dies verteilt wurde). Eine gesangliche Blaupause für spätere Bands wie z. B. die Eagles und viele andere, behaupte ich mal.

Sie drückten ihren gewaltigen Stempel überwiegend Fremdkompositionen auf, konnten aber auch selbst überzeugende Noten zu Papier und Gehör bringen.

Auch den Weggang ihrer tonangebenden Sänger konnten sie verkraften (vor allem Graham Nash legte eine weitere sehr erfolgreiche Karriere hin – Allan Clarke kam auch mal wieder zurück) und immer passenden „Ersatz" finden, wobei dieses Wort den Künstlern Unrecht tut. Mit immerhin noch zwei Originalmitgliedern touren die Hollies heutzutage immer noch, haben sich nie aufgelöst und gehören zu der weniger als einer Handvoll Bands, die seit etwa 60 Jahren ununterbrochen bestehen und die Ohren erfreuen.

Ganz großes „Kino", und die Elite traf sich in den Abbey Road Studios, u. a. auch mit Alan Parsons als Toningenieur.

Viele Hits, viele Ohrwürmer ... ich schwanke zwischen *He Ain't Heavy, He's My Brother* ... und entscheide mich für **The Air That I Breathe**. Zu dieser Zeit in den 70er Jahren waren schon ganz andere Töne angesagt, aber zeitlose Qualität setzt sich durch.

Gleich der erste Gitarrenton geht unter die Haut, der folgende schmelzende Gesang noch mehr, ohne Schmalz zu sein, ein Paradebeispiel für Melodie, für die Luft, die man zum Atmen braucht.

Diese betörende Luft möchte man ewig atmen.

THE BLUEST BLUES - ALVIN LEE

(Alvin Lee)

Was wäre die Welt, und vor allem die Musik, ohne den Blues? Sie wäre wohl ziemlich „blue" – traurig, niedergeschlagen, elend. Die Musik der afroamerikanischen Sklaven, die sich damit ihren Frust, ihre Demütigung, ihre Niedergeschlagenheit, ihr Elend vom Leib und von der Seele spielten und sangen ist der Grundstein für die Musik des 20. Jahrhunderts, ohne den Blues gäbe es keinen Rock 'n' Roll, keinen R 'n' B, keinen Beat, keinen Rock, keinen was auch immer.

Und bei aller Niedergeschlagenheit vermittelt der Blues auch immer eine gewisse Hoffnung, sich nicht unterkriegen zu lassen. Und die miese Stimmung wird oft darauf projiziert, dass die oder der Liebste einen verlassen hat.

So auch hier, diesem Blues-Stück par excellence, auch wenn es „nur blue-eyed Blues" ist. Aber weiße Musiker haben hinreichend bewiesen, dass sie diese „schwarze" Musik adaptieren können, mit fast ebenso großer, etwas anderer Inbrunst als schwarze Musiker es können.

Als „frontman" der hervorragenden Ten Years After galt Alvin Lee lange Zeit als einer der, oder vielleicht sogar DER schnellste Flitzefinger überhaupt auf der Gitarre – bekannt, aber nie so im großen Rampenlicht wie Hendrix, Clapton, Beck oder Page z. B., obwohl er sich vor ihnen absolut nicht verstecken musste. Na gut, mit Jimi konnte eigentlich niemand mithalten.

Nach seiner Trennung von Ten Years After brachte Alvin diverse klasse Solo-Alben heraus (und eins in Kooperation mit Mylon LeFevre) und dazu gehört auch *Nineteenninetyfour* mit dem überwältigenden **The Bluest Blues**. Hier beweist er, falls nicht schon vorher und als ob er das nötig hätte, dass er nicht nur hervorragender Flitzefinger, sondern auch ein sehr einfühlsamer Gitarrist war.

Nach kurzem, blues-typischem Intro und einleitendem, erdigen Gesang von Alvin (seine Liebste hat ihn verlassen), leicht mit Orgel unterlegt, entwickelt sich das Stück zu einer Blues-Gitarren-Orgie sondergleichen, in der Alvin alle Register zieht, unterstützt von George Harrison an der Slide-Gitarre (und seiner ausgezeichneten Band natürlich, u. a. Steve Gould, ex-Rare Bird ... *Sympathy*, das führt jetzt zu weit).

Diese Gitarre, dieser Sound geht bis auf die Knochen ("it cuts me like a knife", Textauszug) und man kann sich insgesamt über 7 Minuten lang in diesem Sahnestück suhlen, wieder und wieder bis in alle Ewigkeit.

Alvin Lee ist leider schon in die Ewigkeit eingegangen, aber vielleicht ist diese gar nicht schwarz, oder leuchtend weiß, sondern hat das blaueste Blau, das man hören kann, und Alvin spielt dazu ...

THE FINAL COUNTDOWN - EUROPE
(Joey Tempest)

Schweden hat musikalisch noch mehr zu bieten als Harpo, falls den noch jemand kennt, oder Abba (bei allem Respekt vor ihrer Leistung) und den für meine Ohren noch besseren Roxette, nämlich Europe.

Auch wenn die Skandinavier sich immer gerne etwas abseits halten, bekennen sich doch fast alle eindeutig zu Europa und das macht diese Hard Rock/Heavy Metal Truppe mit ihrem Namen ganz klar. Und musikalisch sind sie keineswegs abseits, sondern mitten drin im Geschäft, nach Pausen und wenigen Umbesetzungen bis heute und bieten solide, oft leicht symphonisch angehauchte Schwerkost. Und trotz teilweise englischer Künstlernamen sind alle „waschechte Schweden", so ziemlich zumindest.

Eher in der Tradition des Hard Rock zu Hause und von manchen „echten Metallern" als „Poser" abgestempelt, nicht zuletzt wegen ihres damals durchgestylten Aussehens, landeten sie mit **The Final Countdown** von ihrem gleichnamigen dritten Album einen weltweiten Riesenhit, Nr. 1 in 25 Ländern! Durchaus auch ein Beitrag und wichtiger Schritt, das Genre noch „salonfähiger" zu machen. Außer diesem Mega-Hit kenne ich Europe kaum, muss ich gestehen und denke, nachdem ich mal etwas gestreamt habe (was ich selten und nur zum Kennenlernen tue), dass ich da eine neue Baustelle für die Sammlung aufgetan habe. Ich bin sowieso überzeugter Europäer.

Mit dumpfen Maschinengeräuschen beginnend (nicht in der gekürzten Single-Version, wenn ich nicht irre), schmettert ein „Fanfarenchor" (so hört es sich an, es sind Keyboards) los, der jedem Historienfilm oder Symphonieorchester gut zu Gehör stehen würde. Ein deftiger Drumbreak, einsetzender Gitarrenriff, weiterhin untermalt von diesen „Fanfaren" führen zum wunderbar klaren, starken Gesang mit seinem eingängigen Refrain, dann das tolle, heftig-melodiöse Gitarrensolo (ein wenig an Boston erinnernd ... ach, immer diese Vergleiche). Der Qualität des Songs nicht ganz angemessen ist das fade-out ... out ... out ...

Das ist Meckern auf hohem Niveau und was heißt überhaupt Song? **The Final Countdown** ist eine Hymne, die weltweit bis heute auch in Sportstadien geschmettert wird, obwohl der Text gar nicht sportlich gemeint und sogar von David Bowies *Space Oddity* (mit eigenem Eintrag in diesem Buch) inspiriert ist. „Wir verlassen die Erde gemeinsam, auf zur Venus ..." ist eine ganz grobe Zusammenfassung.

Aber ein letzter Countdown passt halt immer gut, gerade in unserer Zeit, bevor die Ewigkeit bald mit schmetternden Fanfaren und krachenden Gitarren anbricht.

THE NIGHT WE DRANK THE STARS - DAVE EVANS & NITZINGER

(John Nitzinger)

Dieses dramatische Werk könnte mich fast überzeugen, vom überzeugten Biergenießer ins Lager der Sekttrinker zu wechseln, erzählt es doch die fiktive Geschichte der Erfindung dieses perlenden Getränks auf immens beeindruckende Weise.

Das Album *Revenge* (2013), von dem dieser Song stammt, ist ein Meisterwerk ganz besonderer Güte, und auch ihm will und muss ich hiermit einen Meilenstein setzen, etwas abseits der eigentlichen Intention dieses Buchs (da kommt mir eine Idee ...). Ein Meisterwerk mit einem ganz besonders dämlichen Cover, aber dafür überzeugen und entschädigen die Songs umso mehr. Rache, wofür, und wieso? Vielleicht, weil frühere Arbeiten dieser beiden Spitzenmusiker nicht die gebührende Anerkennung fanden? Möglicherweise, und falls, ist die Rache äußerst effektiv und im übertragenden Sinne blutrünstig gelungen.

Dave Evans wurde als erster Sänger von AC/DC nach deren erster Single geschasst, John Nitzinger hatte mit seiner Gruppe gleichen (Nach-)Namens nicht den durchschlagenden Erfolg (und nur wenige feine Hard Rock-Alben an den Start gebracht, die mal unbedingt wiederaufgelegt werden sollten). Lange Zeit hörte man von beiden wenig bis nichts, mit gelegentlichen, weitgehend unbeachteten Ausnahmen oder als Begleitmusiker (aber wer beachtet diese schon?).

Erst ab den 2000er Jahren besannen sich beide offensichtlich wieder auf ihre Stärken und wurden aktiver, taten sich dann für dieses Monster-Album zusammen. Daves gewaltige, druckvolle Stimme hat nicht ganz den Kreischfaktor von Bon Scott oder Brian Johnson, aber kann zumindest hier voll überzeugen und Johns sägende, kreischende, malmende, zerrende Gitarre ist ein Hochgenuss sondergleichen, die bei diesem Song allerdings zugunsten etwas ruhigerer Passagen ein wenig, zum Glück nur ein wenig, in den Hintergrund tritt. Deshalb hätte ich fast den Song *Going Back to Texas* von diesem Album genommen, bei dem Johns Gitarre auch wirklich die allerletzten Nägel aus der Wand zieht.

Revenge ist die vollkommene Synthese aus Rock, Hard Rock, Rock 'n' Roll und Metal, die Essenz. Inselfrage

– wenn ich nur ein einziges ROCK-Album mitnehmen dürfte, es könnte dieses sein. Aber der Felsen würde die Insel möglicherweise zerschmettern.

OK, **The Night We Drank The Stars** soll der ausgewählte Song ein, nicht zuletzt wegen seiner Dramatik und der von mir so geliebten Dynamik. Ein Toast auf diesen Song und das Album, mit Sekt oder Bier, auf keinen Fall Selters – diese Sterne werden wir bis in alle Ewigkeit trinken!

THE SOUND OF SILENCE - SIMON & GARFUNKEL

(Paul Simon)

Süßer die Glocken nie klingen ... oder so ungefähr. Als 1965 diese zuckersüßen, himmlischen Töne in die sich anbahnende Nach-Beat- und vor-Rock-Zeit einbrachen, war das schon eine Überraschung, aber eine, der man sich nicht widersetzen konnte.

Der Startschuss (haha, bei dem Titel) einer internationalen Mega-Karriere, keine „Beat-Gruppe", sondern ein Duo, optisch eher unscheinbar, von (Art) Garfunkels strubbeligen Haaren mal abgesehen. Man machte sich vielleicht mal über den Namen lustig (Simon und Furunkel) und zumindest hierzulande wusste wohl zunächst kaum jemand, dass dies die beiden Nachnamen der Künstler waren und nicht ihre Vornamen (wie es Tom & Jerry hätten sein können, ihr vorheriger Duo-Name – wie Katz' und Maus, so verhielten sie sich auch vor und nach ihrer späteren Trennung).

Schon der Name des Songs ist genial – „Der Ton der Stille". Wahrlich himmlischer Harmoniegesang vor luftig schwingenden Gitarren, mit einem gewissen Beat unterlegt – das trifft voll ins Gemüt. Weitere große Hits folgten (*Bridge Over Troubled Water, Mrs. Robinson* – toller Soundtrack zum tollen Film *The Graduate* („Die Reifeprüfung") – *The Boxer* u. a.), aber da kannte man diesen famosen Sound eben schon und der Überraschungseffekt von **The Sound of Silence** war zwar nicht mehr gegeben, aber immer willkommen.

Mit ihren Goldkehlchen konnten Simon & Garfunkel fast jeden Song zu etwas Besonderem machen, auch wenn eine Komposition an sich vielleicht mal nicht so gut war.

Auf ihrem ersten, noch recht erfolglosen Album noch *The Sounds of Silence* genannt, wurde der Song danach mit ein wenig elektrischer Gitarre und Drums überarbeitet, hieß dann **The Sound of Silence**, der Rest ist Geschichte. Die Hit-Version ohne „s" landete dann auf dem zweiten Album, das mit dem Namen *Sounds of Silence* versehen wurde. Das soll einer verstehen … muss man auch nicht.

Coverversionen sind zum Scheitern verurteilt – auch wenn relativ kürzlich eine solche hoch in den Charts war, wohl der Klasse des Songs geschuldet. War das von „Disturbed"? Scheint so, wie ich nachgeschaut habe – absolut grässlich, einen überragenden Song kann anscheinend auch so etwas nicht völlig kaputt machen. Auch mal kurz nachgehört – kurz nur, das ist echt furchtbar, einfach gestört. Scheint aber das zu sein, was ich meine. Der Name passt. Ich höre wenig

Radio, und wenn diese Vergewaltigung des Stücks mal lief, habe ich immer schnell abgeschaltet.

Der Originalton (oder der Klang, das Geräusch usw.) der Stille hallt ewig nach.

THE VALENTYNE SUITE - COLOSSEUM
(Colosseum)

Kein Song im eigentlichen Sinn, denn gesungen wird hier nicht, von gelegentlichem elegischem Backgroundgesang abgesehen. Auf einer Zusammenfassung auch mal *Valentine Suite* geschrieben, ist dieses mehr als 16 Minuten lange Werk, Namensgeber des gleichnamigen Albums (LP, sagte man damals), ein unerhört (haha) dynamisches, melodiöses und rockendes Meisterwerk sondergleichen. Jedes Instrument erhält seine Soloauftritte, getrieben vom genialen Drummer Jon Hiseman, einem der allzeit-besten seiner Zunft. In dem Gitarrensolo kann man baden und in diesem Kontext ist auch das Saxofon ein willkommenes Rock-Instrument (wie in einigen anderen Fällen). Während dessen Beherrscher Dick Heckstall-Smith eine auf dem Gebiet bestens bekannte Koryphäe war, wundert man sich, dass der Gitarrist James Litherland es nicht zu höheren Ehren gebracht hat. Die Komponisten-Angaben schwanken, einzelne Teile werden manchmal bestimmten Musikern zugewiesen, aber es wird auch die komplette Gruppe angeführt.

Ein Lehrstück für den Begriff „Dynamik", grenzt es schon fast an Blasphemie, dieses in drei Themenzyklen unterteilte Hammer-Instrumentalstück voller wunderbarer Melodien, sanft fließender Übergänge und heftig rockender Passagen mit Worten beschreiben zu wollen. Auch nach mehr als 50 Jahren kein bisschen angestaubt, sollte man die Augen schließen, die Kopfhörer auf LAUT stellen und in diese ewig fantastischen Klangsphären von **The Valentyne Suite** eintauchen.

TIME HAS COME TODAY - CHAMBERS BROTHERS

(Willie Chambers, Joseph Chambers)

Tick ….. Tock ….. Tick …. Tock …. Tick … Tock … Tick .. Tock .. Tick . Tock . TickTock TickTock Tick-TockTickTockTickTock …

Die einleitenden Percussionschläge simulieren die Uhr, die schneller und schneller wird, bevor die anderen Instrumente und der soulgetränkte, hervorragende Gesang einsetzen und einen tollen, hypnotischen Mix bieten, der gegen Mitte des Songs wieder langsamer wird, fast verstummt, bis er erneut losgeht – Soul-Psychedelic-Flower-Power-Rock vom Feinsten!

Ich mache es mir mal einfach und übersetze den Backcover-Text der CD des ersten Albums dieser vier afro-amerikanischen (echten) Brüder mit ihrem weißen Drummer, zu diesen Zeiten in den immer noch rassistisch geprägten USA (leider bis heute) eine gewisse Provokation und Statement zugleich (wie auch die Equals im UK mit anderer Musik, auf ihre Weise ebenfalls großartig.).

„Mit zwischen Rock und Soul eingewebten Gospel-Wurzeln, verpackt in einem großen Mantel aus psychedelischer Musik, erwiesen sich die Chambers Brothers in den späten 60er Jahren als eine der zu dieser Zeit wahrlich innovativen und provokativen Bands."

Das bringt's auf den Punkt. *People Get Ready* oder *New Generation*, um nur zwei zu nennen, sind weitere ihrer hervorragenden Songs, aber das 11-minütge **Time Has Come Today** ist ihr Meisterwerk, war in verkürzter Single-Version auch ein großer Hit.

Ich hatte das Glück, die Chambers Brothers 1968 in London live zu sehen, mit fantastischer Light-Show, blubbernden, wabernden bunten Blasen usw., wie zu der Zeit üblich. Es waberten auch diverse Gerüche – aber mir genügte ihr wunderbarer Auftritt und die ich-weiß nicht-wie-lange Live-Version dieser hypnotischen Nummer, um einen Flower-Power-Sinnesrausch erster Güte zu erleben.

Die erwähnte Single-Version ist auch nicht schlecht, es gibt sogar mehrere leicht verschiedene, aber die Album-Version in voller Länge ist unübertrefflich.

Wer dieses Stück nicht kennt, dem sage ich nur: „Heute ist die Zeit gekommen" um dieses Versäumnis nachzuholen. Heute und in alle Ewigkeit, die Zeit kommt und geht immer, aber diese Hymne wird nie vergehen.

TIME SELLER - SPENCER DAVIS GROUP

(Davis, Hardin)

Beim Namen dieser Band hätte sicher jeder vermutet, dass ich hier einen ihrer großen Hits nenne, vor allem den fetten ersten *Keep On Running* oder *Somebody Help Me, Gimme Some Lovin'* oder *I'm A Man* (s. Chicago Transit Authority), und diese Songs hätten es auch alle verdient, keine Frage.

Aber ich habe sehr bewusst dieses großartige Stück gewählt, weil es a) weniger bekannt ist und b) meiner Meinung nach mindestens ebenso hochklassig.

Ich war damals sehr enttäuscht, dass es diese wuchtige Nummer nur bis auf Platz 30 der UK-Charts schaffte, der Nachfolger *Mr. Second Class* noch nicht einmal das, obwohl keinesfalls zweitklassig.

Nach dem Weggang von Steve und Muff Winwood präsentierte sich die Spencer Davis Group mit dem Album *With Their New Face On* eben damit, nämlich mit neuem Gesicht, genauer gesagt mit zwei neuen Gesichtern: Eddie Hardin und Phil Sawyer waren mehr als bloßer „Ersatz" für die Winwood-Brüder.

Der von Beginn bis Ende fast durchgehende, starke Riff bohrt sich in die Ohren und man könnte meinen, dass dafür Geigen, Bratschen oder ähnliche Instrumente verantwortlich sind, ich kann aber keinen Hinweis darauf finden. Auf jeden Fall bratscht es heftig und der Mann, dessen Job es ist, die Zeit zu verkaufen, tut dies mit großem Erfolg – verkauft an die Ewigkeit!

Einfach zuhören! Eine mehr als gelungene leichte Abweichung vom erdigen R & B Sound mit ebenso gelungener leichter Hinwendung zu erdigen, leicht psychedelischen Gefilden.

Den Track *Don't Want You no More* vom gleichen Album coverte übrigens die Allman Brothers Band auf ihrem ersten Album. Ganz große Klasse wie alles von der Allman Brothers Band (mit eigenem Eintrag), aber auch das Spencer Davis Group-Original kann sich natürlich mehr als gut hören lassen.

TRIBUTE TO BUDDY HOLLY – MIKE BERRY AND THE OUTLAWS

(Geoff Goddard)

Als ich diesen Song zum ersten Male hörte, hat mich seine Atmosphäre mit ihrem luftig klingenden, schwingenden Gitarrensound (an die Shadows erinnernd, die ich auch erst etwas später entdeckte) und rollenden Drums sofort gepackt und obwohl ich damals nicht direkt verstand, um was es geht, war mir klar, dass es sich um ein tragisches Ereignis handelt.

Wann ich ihn erstmals hörte weiß ich nicht, sicher erst eine ganze Weile später, nachdem er ein Hit im UK war (1961). Kein ganz großer, vermutlich auch deshalb nicht, weil die BBC den Song wegen des „morbiden" Inhalts gebannt hatte (wie ich erst jetzt herausfand).

1959 starben bei einem Flugzeugunglück Buddy Holly, Richie Valens und „The Big Bopper"; zu den näheren Umständen ist viel zu lesen und zu finden (und zumindest Musikfans weitgehend bekannt) und ich will sie hier nicht näher ausbreiten. Vor allem Buddy Hollys Einfluss auf die Musikwelt, nicht zuletzt auch auf die Beatles, ist nicht zu unterschätzen.

Kein ganz großer Hit, aber ein ganz großartiger Song aus der englischen Hit-Schmiede des Produzenten Joe Meek. Trotz vieler Singles und seinem ebenfalls gelungenen „Re-Make" dieses Songs 1975 hat Mike Berry keine großen Spuren hinterlassen, auch nicht als Schauspieler, neben der Musik sozusagen sein zweiter späterer Beruf – ich will ihm nix Böses, im Gegenteil. Und man täte ihm sicher Unrecht zu sagen, sich an dieser Tragik „bereichern" zu wollen, zumal er den Song nicht selbst geschrieben hat. Diese „Outlaws" haben nichts mit den an anderer Stelle aufgeführten zu tun.

Ein Song für feuchte Augen, nicht von Mike Berry selbst geschrieben, aber wunderbar eindringlich von ihm und seinen Kollegen interpretiert. Während Buddy Holly und seine unglücklichen Begleiter schon lange in den ewigen Musikgründen weilen, wurde ihm hiermit ein sehr denk- und hörwürdiges Ehrenmal für die Ewigkeit gesetzt, zusätzlich zu den eigenen, von ihm selbst (und von vielen anderen) interpretierten Songs.

UNCHAINED MELODY – RIGHTEOUS BROTHERS

(Alex North, Hy Zaret)

Meine Tastatur ist irgendwie so fettig … ach, das ist der Schmalz, der daraus quillt. Aber fühlt sich gut an.

In der Mitte des musikalisch innovativsten Jahrzehnts aller Zeiten, mitten in brodelnde Beat-, Pop- und Rock-Sounds kam dieser herrliche Schmachtfetzen des amerikanischen Duos, nachdem sie sich von ihrer Gruppe The Paramours getrennt hatten. Als Nachhall aus früheren Zeiten gab es auch manch andere „Fetzen", über die eingefleischte Beat- und Pop-Jünger nur die Ohren rümpften, aber ich meine, das war hier nicht so der Fall, zumindest nicht bei mir. Denn dieser Sound, diese Melodie, diese Stimme gingen einfach unter die Haut und voll ins Gemüt, ob man wollte oder nicht, Gänsehaut pur und Schmalz hin oder her.

Mit *You've Lost That Lovin' Feelin'* hatten die Righteous Brothers schon vorgelegt und auch diesseits des großen Teichs Aufmerksamkeit erregt, hatten auch noch weitere Hits. Der Einfluss des Produzenten Phil Spector ist hörbar, wenn auch nicht ganz so prominent wie bei vielen anderen „Spector Sounds". Phil Spector ist ein Kapitel für sich und soll hier nicht weiter betrachtet werden, das würde zu weit führen. Er pflegte damals seine „Schrott-Produktionen" auf die B-Seite von Singles zu packen, so auch diese, und rief die Radio-DJs im Land an, diese Seite nicht zu spielen, nachdem immer mehr die A-Seite (*Hung on You*) ignorierten und stattdessen **Unchained Melody** über den Äther schickten. Über den tatsächlichen Produzenten gibt es allerdings verschiedene Versionen.

Ich habe mich schon immer gefragt, warum diese ergreifende Herz-Schmerz-Sehnsuchts-Liebesballade mit der „blue-eyed-soul" Stimme, die sich fast schon überschlägt und ungeahnte Höhen erreicht und deren Melodie die Gehörgänge so unnachahmlich ölt, so „kettenlos" ist, es aber nie hinterfragt. Also muss ich jetzt mal etwas recherchieren ...

… und bin auf überraschende Fakten gestoßen. Ursprünglich aus einem Gefängnisfilm des Jahres 1955 stammend (Unchained, aha …), gehört **Unchained Melody** zu den am meisten gecoverten Songs des letzten Jahrhunderts (wie einige andere in diesem Buch) und ist der einzige Song, der mit vier verschiedenen Versionen die Nr. 1 der Charts im UK erobert hat, bis ins 21. Jahrhundert! Man lernt nie aus … Der Film war wohl nicht der große Hit, aber diese Aufnahme der Righteous Brothers dafür umso mehr, mit schmachtenden Geigen und allem pi-pa-po, ganz großes Kino sozusagen.

Und allgemein wird auch anerkannt, dass die Righteous Brothers dies zu „ihrem Song" gemacht haben und wer sich dieser kettenlosen Melodie hingibt, hat ihre unvergleichliche Version bis in alle Ewigkeit in den Ohren, in der es keine Ketten gibt, sondern nur diese ach so schööööne Melodie.

WE ARE THE CHAMPIONS - QUEEN
(Freddie Mercury)

Queen kennt jeder, nicht nur die Queen des Vereinigten Königreichs von Großbritannien. Seltsamerweise bin ich nicht der große Queen-Fan – ich kann nicht wirklich erklären, warum nicht. Ich schätze sie und sie haben viele großartige Songs abgeliefert, keine Frage, und sind und waren eine ganz große Nummer des Rock- und Show-Business mit unverwechselbarem, absolut einzigartigem Stil. Im Gegensatz zu vielen anderen Künstlern, von denen ich das komplette Werk besitze (oder zumindest fast komplett und/oder noch daran arbeite), habe ich von Queen ganze jämmerliche zwei CDs, Greatest Hits I und II. Nicht, dass die CDs jämmerlich wären, sondern die Menge. Aber sie bescheren mir immerhin mehr als 30 ihrer, ich wiederhole mich, großartigen Songs, die immer noch zum Standardrepertoire fast jedes Radiosenders zählen. Früher hatte ich auch mal ein paar ihrer regulären Alben als Vinyl.

Manche Leser hätten hier sicherlich *Bohemian Rhapsody* erwartet oder *We Will Rock You* oder oder oder ... es böten sich zahlreiche an.

Aber ich habe mich ausdrücklich für **We Are The Champions** entschieden, weil dieser Hit vermutlich der weltweit meistgespielte Song von Queen ist (ich habe nicht recherchiert), wird er doch immer und immer wieder bei vielen Gelegenheiten herangezogen, vor allem bei großen Sportereignissen, zu denen er bestens passt. Das wird mutmaßlich auch noch für lange Zeiten so bleiben und damit ist ihm ein verdienter Platz „für die Ewigkeit" sicher.

Zum Song selber muss ich nichts sagen, den kennt auch wirklich jeder, und das ist gut so.

WHEEL IN THE SKY - JOURNEY

(Schon, Fleischman, D. Valory)

Journey haben eine lange, abwechslungsreiche und sehr ergiebige Reise hinter sich und sind immer noch unterwegs, das freut mich als ihr begeisterter Fan von erster Stunde an bis heute ganz besonders.

Von ex-Santana Mitgliedern (erwähnenswert vor allem der exzellente Gitarrist Neil Schon als einziger absolut permanenter Bestandteil und Kopf der Gruppe) und andern hervorragenden Musikern gegründet, stieß bald, noch bevor das erste Album aufgenommen wurde, der britische Tausendsassa-Drummer Aynsley Dunbar hinzu, einer der besten seines Fachs. Und einer der schwierigsten, was die Zusammenarbeit angeht – das gibt er selbst zu. Seinerzeit Nachfolger von Ringo bei Rory Storm & the Hurricanes, nachdem dieser von den Beatles zur Weltkarriere herangeholt wurde (selbst einer der besten überhaupt, oft verschmäht … von Leuten, die keine Ahnung haben) hat er vermutlich in mehr Bands und Projekten gespielt als irgendein anderer Drummer. Außer den oben genannten fange ich gar nicht erst an, welche aufzuzählen, es wäre vermutlich einfacher, nur die Bands zu nennen, bei denen er nicht gespielt hat. Ich schweife ab, aber auch das ist ein Anliegen dieses Buchs und passt hier bestens, Journey …

Ihre ersten drei hervorragenden Alben blieben weitgehend unbeachtet – überwiegend instrumental, boten sie wunderbare Sounds, denen man teilweise die Santana Herkunft noch anhören konnte, verwoben mit kräftigem Rock und leichten Ausflügen in die Jazz-Rock und Prog-Rock Ecke.

Ein Wendepunkt der Reise war der Auf- und Eintritt des Sängers Steve Perry mit seiner imposanten, relativ hohen und eindringlich angenehmen Stimme, die rockig und schmalzig klingen konnte (und kann) mit allen Nuancen dazwischen. Der Sound wurde bombastischer und das erste Album mit Steve Perry ein massetauglicher großer Erfolg, dem viele weitere noch größere folgen sollten. *Infinity* heißt es – Unendlichkeit, Ewigkeit, nomen est omen. Aber das Ende von Aynsley als Journey Drummer.

Alle Songs dieses Albums sind faszinierend großartig, aber vielleicht sticht **Wheel in the Sky** etwas heraus. Ein perfekter Mix aus sanftem Keyboard-Intro, wuchtigen Gitarren, Steves außergewöhnlichem Gesang und tollen Soli, Melodie immer ganz groß geschrieben. Das Rad im Himmel dreht sich ewig, und die Reise geht weiter. Diverse Besetzungswechsel konnten dem zunehmenden Erfolg mit immer mehr Bombast keinen Abbruch tun, Journey wurde eine DER Live-Arena-Attraktionen vor allem in den USA, aber ihre Alben verkauften sich auch weltweit extrem gut und gehören insgesamt zu den Top-Sellern überhaupt.

Die Reise geht nach einer Unterbrechung von den späten 80ern bis in die mittleren 90er Jahre immer noch weiter, ihr jetziger philippinischer Sänger Arnel Pineda lässt Steve Perry kaum vermissen, Neil Schon gibt die Richtung vor und schraubt den Bombast zugunsten seiner „Axt" zurück, damit sich das Himmelsrad ewig in die richtige Richtung dreht.

(Ihr eigenes, eng ans Original angelehntes Remake aus dem Jahr 2008 – mit Arnel, 2-CD Album *Revelation* – steht diesem in nichts nach, wobei das Original möglicherweise leicht die Nase vorn hat einfach nur, weil man/ich es X Mal gehört hat/habe und jede Note doppelt auswendig kennt/kenne.)

WHEN A MAN LOVES A WOMAN - PERCY SLEDGE

(Lewis, Wright)

Soul-Music ist in diesem Buch wenig vertreten, das muss ich eingestehen, dabei hat sie so viel Seele und so viele großartige Künstler hervorgebracht wie kaum eine andere (ziemlich) klar definierte Musik-Richtung außer dem Blues, mit dem sie ja auch verwandt ist (wie fast jede andere Richtung auch – Rock 'n' Roll, Rock, Hard Rock, R 'n' B, auch der Beat usw.).

Ich weiß den Soul sehr zu schätzen, bin aber nun mal generell auf der etwas anderen „heavy" Seite, das könnte ich als Erklärung für mich selbst anbringen.

Otis Redding, Aretha Franklin, Wilson Pickett oder die Four Tops, Supremes, Temptations oder Marvin Gaye vom „Soul-Ableger" Tamla-Motown, um nur ganz wenige Namen zu nennen, sind die nur ganz kleine Spitze des schwarzen Eisbergs – Schwarze können nun mal, generell gehört, besser singen als Weiße. Meine Meinung.

[Ist das rassistisch, ist das falsch ausgedrückt? Ich bin schon wegen anderer, eindeutig antirassistischer, harmloser Aussagen im Moloch Internet von Idioten, die nicht lesen können und nix kapieren, verunglimpft und diffamiert worden. Ich bin so was von antirassistisch und antifaschistisch, so weit nach links kann man gar nicht gucken. Ich denke, und hoffe, die meisten echten Musikliebhaber und -kenner sind keine Idioten. Dieser unthematische Einschub liegt mir gerade auf der Seele, ich bitte um Verständnis – kalter Kaffee, wenn dieses Buch gedruckt ist. Aber zur Soul-Music kann man sowohl heißen als auch kalten Kaffe trinken.]

In den 60er Jahren bereicherte die für hiesige Ohren neue Soul-Music die Pop-, Beat- und Rock-orientierten Charts mit ihren neuen Sounds und tollen Hits. Gesang und Rhythmus gehen sofort ins Blut, die oftmalige Mischung mit Gospelgesang kann schnell ekstatisch wirken. Percy Sledge hingegen knackte die Hitparaden jenseits und diesseits des Atlantiks mit seiner langsamen, orgeldominierten Liebesballade, die jedes Herz zum Schmelzen bringt. Wenn nicht, hat man keins.

Noch mehr als die Orgel dominiert Percys hingebungsvolle Stimme diese bestrickende Melodie und brachte dem Atlantic-Label die erste goldene Schallplatte. Sein erster und größter Hit blieb nicht sein einziger und wurde/wird oft gecovert, aber kein Cover erreicht diese überwältigende Intensität.

When A Man Loves A Woman ... dann schlägt das Herz, die Zeit steht still und die Ewigkeit ist angebrochen.

WHEN DEATH CALLS - BLACK SABBATH

(Black Sabbath)

Bei Black Sabbath denkt wohl fast jeder sofort an Ozzy Osbourne und *Paranoid*, aber es gab ein Leben nach Ozzy, und wie! Das für mich mit Abstand beste Black Sabbath-Album ist *Headless Cross* (auch ein toller Song, wie jeder auf diesem besonders starken Stück Plastik) mit Sänger Tony Martin, der es meiner Meinung nach durchaus mit Ozzy aufnehmen kann, wenn auch vielleicht dieser kleine, gewisse Ozzy-Touch fehlt.

Der herausragende Song dieses insgesamt mehr als bemerkenswerten Albums (mit Cozy Powell am Schlagwerk) ist **When Death Calls**, nicht nur wegen seines Textes. Sein sanftes Intro führt mit der von mir so geliebten Dynamik zu harten Riffs des unvergleichlichen Tony Iommi (er ist Mister Black Sabbath himself, nicht Ozzy), klingt dann wieder ab, steigert sich – eben Dynamik im besten Sinne. Tonys (Martin) Gesang und Schreie gehen durch Mark und Bein und die gesamte enorme Wucht, gepaart mit Melodie und nicht zuletzt diesem Text, lässt alle Haare zu Berge stehen!

So ein kurzer Artikel zu solch einem gigantischen Song (und gigantischer Gruppe) ... aber man muss einfach nur zuhören und, wie eingangs erwähnt, hat die Länge eines Artikels nichts mit der Qualität des Songs zu tun. Dem Ruf des Todes kann niemand entgehen.

Einer der Handvoll Songs, die auf meiner Beerdigung gespielt werden sollen – für die Reise in die Ewigkeit. Ob ich das noch erleben werde ...

WHEN EVENING COMES -
KEN HENSLEY
(Ken Hensley)

Ken wer? Genau der, Mulitinstrumentalist, Genie, maßgeblicher Bestandteil der frühen Uriah Heep (siehe dort) als Musiker und Komponist, auch vorher hatte er seine Künste schon bewiesen. Ohne ihn wäre ihre Kariere möglicherweise anders verlaufen, ohne den anderen zu nahe treten zu wollen. Sie haben in wechselnden Besetzungen ihre Kompetenz und Klasse bis heute zur Genüge bewiesen. Uriah Heep ohne Ken Hensley geht, aber andersherum auch. Und immer wieder mal hat er auch bei seinen alten Kumpels mitgemischt, alte Liebe rostet nicht.

Dieser Track seines ersten Solo-Albums zieht einem gleich die Schuhe aus, oder vielmehr die Gitarre mit ihrem ziehenden, verlangenden, melancholischen Sound, dazu der wunderbar eingängige Gesang von Ken – eine Rock-Ballade, die tief unter die Haut kriecht und sie prickeln lässt.

Ken war bei Uriah Heep in erster Linie der Tastenklempner, beweist bei seinen Solowerken aber auch, dass er alles andere ebenso gut beherrscht, bis auf Drums (kann er auch) spielt er bei seinem ersten Solo-Album und auch später oft alles selbst, ein begnadeter Sänger ist er außerdem. Dabei schafft er es auf magische Weise oder wie auch sonst immer, den Heavy-/Hard Rock Sound rüberzubringen, ohne Heavy/Hard

Rock zu präsentieren, wundervolle Balladen oder eher sanfte Rocker überwiegen – mit gelegentlichen Ausnahmen, die die Regel bestätigen, z. B. mit seiner späteren skandinavischen Band Live Fire, aber immer mit diesem besonderen Ken Hensley-Touch.

Melodie mit Hard Rock-Sound gepaart, das ist Kens Stärke, nebst vielen anderen – er hat mit unzähligen anderen Koryphäen gearbeitet, und unzählige andere Koryphäen rufen ihn, wenn sie jemanden brauchen, der „es drauf hat". Seine Solowerke sind exzellent und überschaubar, etwas verworren mit diversen Zusammenfassungen, seine Mitarbeit im „Hintergrund" fast unüberschaubar. Er macht und schreibt nicht nur charismatische Songs, sondern sieht auch so aus mit seinen langen Haaren (immer gut!) und leicht verhärmt scheinendem „Indianergesicht" – ich könnte ihn knutschen (und manche andere Musiker auch), obwohl ich ausgesprochen nicht schwul bin. Seine geschäftlichen Qualitäten scheinen denen seiner musikalischen diametral entgegengesetzt zu sein, oder sie interessieren ihn möglicherweise überhaupt nicht …

Das ist das Problem – er und seine wundervolle Arbeit werden viel zu wenig beachtet. Aber ich schätze, damit kann er leben, solange er selbst und andere Musiker zu schätzen wissen, was er wert ist. Ken Hensley ist ein ganz Großer, ein Stern am Musikhimmel, der bis in alle Ewigkeit nicht verglühen wird, auch und erst recht nicht, wenn der Abend naht.

[Mir fließen die Tränen, echt und mal wieder – ganz kurz vor Drucklegung dieses Buchs ist Ken verstorben. Sein Stern steht jetzt ganz hoch am Himmel.]

WHISKEY IN THE JAR - THIN LIZZY
(Traditional)

Irgendwann Anfang der 70er hörte und sah ich eine zu diesem Zeitpunkt unbekannte Truppe in irgendeinem Londoner Kellerlokal – Thin Lizzy, nie vorher gehört, aber beeindruckend, mit diesem schwarzen Sänger und Bassisten mit Hendrix-Mähne, ganz klar der Chef der Bande. Ein Ire, wie ich später lernte, und sozusagen Mr. Thin Lizzy selbst. (Laut Wikipedia der „erste schwarze Ire mit Erfolg im Musikgeschäft".)

Er komponierte die meisten ihrer Songs, aber nicht diesen. Mit Ursprüngen im 17. Jahrhundert ist der irische Kneipen- und Saufsong das älteste in diesem Buch erwähnte Lied, auch wenn es sich damals noch etwas anders angehört haben dürfte.

Häufig gecovert (Dubliners, Pogues, Metallica, und, und, und …), brachten aber erst Thin Lizzy mit ihrer wunderbar rockenden Version den Whiskey in die Charts und machten **Whiskey In The Jar** unvergesslich. Die Band und ihr Boss Phil Lynott waren erst gar nicht erfreut über die Veröffentlichung, weil „dies nicht ihren Stil" repräsentierte. Zum Glück irrten sie sich. Sie haben diesem himmlischen „Edelbier"-Getränk erst diese typisch rauchig-sanft-kratzige Musik-Seele einge(b)rockt.

Das satte Gitarren-Intro geht runter wie ein guter Whiskey und dieser herrliche Gitarrensound begleitet mit seiner unwiderstehlichen Melodie fast das gesamte

Stück, abwechselnd mit Phils kräftiger Stimme und schon beinahe wie ein zweite Stimme, beides unterlegt mit einer leicht „fideligen", vermutlich akustischen Gitarre, wie eine Fidel eben. Ein tolles Gitarrensolo gibt es obendrein und gefühlt/„gehört" nimmt die Gitarre den später auch von Thin Lizzy adoptierten „Twin-Guitar-Sound" voraus (siehe Wishbone Ash und andere). Phils starker Gesang und der treibende Rhythmus lassen nicht nur das Intro, sondern den gesamten Song durch die Ohren fließen wie guten irischen Whiskey durch die Kehle – das kann man nur genießen!

Thin Lizzy konnten (und taten) auch heftiger, aber waren in erster Linie immer eher in der zweiten Front, ebenso wie die hervorragenden Gitarristen, die die Band durchliefen und von denen außer Gary Moore keiner den ganz großen Durchbruch schaffte, die von den Fans aber hochgeschätzt wurden und werden.

Von vielen Rock-/Hard Rock-Bands als Vorbild genannt, fanden das Schaffen und damit viele mögliche weitere tolle Songs mit Phils frühem Tod 1986 ein trauriges Ende. Die Gruppe gab es weiterhin noch eine Zeit lang, nicht schlecht, war aber ohne Phil eher doch wie ein Krug ohne oder mit nur wenig Whiskey darin.

Dieser und die zu seinen Lebzeiten kreierten eigenen Songs aber leben weiter und ähnlich wie die Animals den traditionellen Song *The House Of The Rising Sun* (siehe da) zu „ihrem" Song gemacht haben, haben Thin Lizzy dies mit **Whiskey In The Jar** gemacht. Auch wenn Metallica den Whiskey natürlich auf ihre Art zelebrieren, orientieren sie sich dabei ganz klar an Thin Lizzys Vorgabe.

Wenn in der Ewigkeit Whiskey getrunken wird, dann läuft dabei dieser Song in dieser Version – wenn nicht, kann man auf diese Version der Ewigkeit verzichten.

WHITE ROOM - CREAM
(Jack Bruce, Pete Brown)

Hmm, erste Sahne! Cream, dazu muss man eigentlich nicht viel sagen, ein paar Zeilen sollen es doch werden. Diese drei Ausnahme-Musiker bzw. Cream gelten gemeinhin als erste Supergruppe, obwohl sie zur Zeit der Gründung des Trios als Individuen gar nicht so sehr im Fokus des breiten Pop- und Beat-Publikums standen, aber schon da von ihren Musikerkollegen hoch, nein, höchst geschätzt waren. Spätestens mit Cream änderte sich das und Clapton, Bruce und Baker wurden auch dem „gemeinen Fan" als wahre Meister ihres jeweiligen Fachs und Superhelden bekannt.

Nach leicht Pop-orientierterem Beginn mit trotzdem schon zu der Zeit ungewöhnlichen Songs (*Wrapping Paper* oder *I Fell Free*) fanden sie schon bald ihren ganz eigenen Stil. Diese Mischung aus Blues und Rock, meist in getragenem Tempo mit Jazz- und Psychedelic-Elementen hat kein Vorbild und keine echten Nachahmer – einfach Cream, fertig, einzigartig und unerreicht.

Alle diese Elemente sind natürlich auch in **White Room** zu finden, nicht zuletzt der psychedelisch abgedrehte Text, und ich habe mich oft gefragt, wie dieser einleitende, herrlich bedrückend schwebende Ton zustande kam („haunting", manche sehr treffend englische Worte lassen sich einfach nicht angemessen übersetzen) von Gingers Drums leicht unterlegt, bevor er und Bruce dann richtig einsteigen. Gitarre … ja und nein, und ich vermute, dass es eine Mischung aus Erics Gitarre und der Viola von Felix Pappalardi ist, der das Album *Wheels of Fire* nicht nur produziert, sondern dabei auch gelegentlich dieses geigenähnliche Instrument gespielt hat. Dieser „haunting sound" kommt auch später wieder, dazu Erics Wah-wah Gitarre und seine Künste sowieso. Übrigens war dies das erste Doppel-Album überhaupt, das Platin erreicht hat – die Zeiten änderten sich, damit die Musik und auch die Medien: Alben waren angesagt, die reine Fokussierung auf Singles wurde aufgebrochen.

Seinerzeit ein „Standard" auf jeder Hippie-Party, hat möglicherweise mancher dabei genossene Rausch in einen anderen weißen Raum geführt, aber auch ohne Drogen lässt sich in diesem Weißen Raum vorzüglich verweilen, und das bis in alle Ewigkeit, amen.

WITH A LITTLE HELP FROM MY FRIENDS - JOE COCKER

(Lennon, McCartney)

Coverversionen sind meist nur genau das und finden eher selten meinen Beifall. Aber ganz ohne geht es hier nicht, und ganz ohne die Beatles schon gar nicht. Und Coverversionen können fantastisch sein, wenn sie völlig umgekrempelt und werden und den Originalsong neu interpretieren (s. u. a. Rod Stewart).

Joe Cockers erster Versuch mit dem Beatles-Cover *I'll Cry Instead* war ein Cover, das diesen Namen voll verdient und allenfalls auf seine Stimme aufmerksam machen konnte, mehr nicht und falls überhaupt. Mit *Marjorine* (von ihm mitkomponiert) lief es schon etwas besser, aber dann mischte **With A Little Help From My Friends** die 1968 immer noch stark Pop-orientierten Charts auf und Joe gelang es, diesen Song zu seinem Song zu machen.

Das leise Orgel-Intro, dann starke Drums, Jimmy Pages wundervoll „ziehende" Gitarre (in diesem Falle verbürgt und kein Gerücht), Bass – und Joes unvergleichliche Stimme, im Wechselgesang mit herrlichem Frauenchor, bis hin zu seinem gewaltigen Urschrei transformieren dieses Stück mit seinem schleppenden Tempo zu etwas Neuem, völlig Anderem als der etwas schnelleren Originalfassung, von Ringo im Sing-along-Stil vorgetragen (und bestens ins Konzept des Jahrhundertwerks *Sgt. Pepper's Lonely Hearts Club Band* passend).

Hier ist aber als Konzept nur die Urgewalt von Joe Cocker zu spüren, die ihm mit seiner Darbietung dieses, „seines" Songs auf dem Woodstock-Festival (ohne Jimmy Page) den endgültigen Durchbruch brachte.

Mit seinem Talent, auch ohne große kompositorische Fähigkeiten jeden Song zu „seinem" Song zu machen, hat Joe Cocker sich hiermit besonders für die Ewigkeit qualifiziert – mit ein wenig Hilfe von seinen Freunden.

WON'T GET FOOLED AGAIN - THE WHO

(Pete Townshend)

Wer? Ach so, die „Huh" … hier viel mehr über diese Ikonen zu sagen, wäre Eulen nach Athen tragen.

Auch wenn ich mich wiederhole (wie schon öfter wiederholt) – bei kaum einem Eintrag in diesem Buch fiel mir die Wahl des Songs so schwer wie in diesem Fall, vielleicht sogar so schwer wie bei keinem anderen. (Und da man dieses Buch kaum am Stück liest, die endgültige Reihenfolge auch anders ist als jetzt beim Schreiben, fallen solche Wiederholungen auch nicht so auf, hoffe ich … und wenn schon.)

Die Who haben so viele Stücke, die sich für die Ewigkeit im Hirn vieler Hörer eingemietet haben … oh Mann, welches nehme ich denn nur? *I Can't Explain* (ihre erste Single unter diesem Namen und gleich ein großer Hit), *My Generation, Substitute, Pinball Wizard, Magic Bus* – das soll hier reichen, die Liste wird sonst zu lang.

Ihr anfängliches Image als grobe Rüpel passte in gewisser Weise, war aber auch gegensätzlich zu ihren Texten. Das Zertrümmern ihrer Instrumente (Gitarre und Schlagzeug) nach (fast) jedem Auftritt wurde schnell ihr Markenzeichen, aber die Texte mit sozialpolitischem Inhalt auch – die Ratlosigkeit und Kritik der Jugend an bestehenden Verhältnissen.

Der brachiale Gitarrensound wich später einem etwas sanfteren Ton, ohne je ganz zu verschwinden. Ihr

Sound insgesamt war und ist einzigartig. Pete Thownshend ist nicht der großartige Gitarrensolist, sondern prägt mit seiner Mischung aus Rhythmus- und Sologitarre den Sound, und natürlich mit den meist hauptsächlich aus seiner Feder stammenden Kompositionen.

Die Who sind auch die einzige Gruppe ohne freiwillige Besetzungsänderung, man könnte auch sagen, ganz ohne Besetzungsänderung. Nur der Tod konnte sie scheiden. Und zusammen mit den Rolling Stones (ganz grob gesehen noch fast in Urbesetzung) sind die Who eine der zwei überlebenden Gruppen aus den „Urzeiten" des Beatzeitalters (die immer noch tourenden Hollies mit fast komplett anderer Besetzung nicht mitgezählt). Ich komme ins „Labern", egal, die Who haben es verdient, wenn man mein Gelabere mal positiv sieht.

Mancher mag jetzt protestieren, Kenny Jones kam ja für den verstorben Keith Moon – aber nicht wirklich als „Mitglied", auch wenn er lange Zeit dabei war. Irgendwann verließ er den Verein wieder, er war nur ein längerfristiger (hervorragender) „Ersatz", nie echtes Mitglied, wie auch kein anderer der zahlreichen Musiker, mit denen die Who im Studio und vor allem auf Tourneen bis heute arbeiten. Sie wurden einfach immer weniger und Pete und Roger (und John, solange er lebte) holten sich, wen sie brauchten. Und wer geholt wurde, konnte und kann stolz darauf sein, mit einer der besten Truppen der Welt arbeiten zu dürfen.

Oh, ich merke, dies wird möglicherweise der längste Eintrag in diesem Buch. Na gut, einer wird der längste und ich habe, bezogen auf den Interpreten, am längsten für diesen Song überlegt, passt also.

Nachdem ich 1965 die Who erstmals live erlebt hatte, war ich bitter enttäuscht. Nach einigen Vorgruppen (welche, habe ich vergessen) kamen sie endlich nach elend langer Wartezeit auf die Bühne, spielten völlig zugedröhnt ca. 15 Minuten lang großen Scheiß und zertrümmerten Gitarre und Schlagzeug, das war's. „Nie wieder", dachte ich – ich führte mir später noch einige absolut großartige ihrer Konzerte zu Gemüte, mit und ohne Trümmer und mit und ohne Keith Moon.

Zum Song. **Won't Get Fooled Again** ist die Essenz, die Who auf den Punkt gebracht und erweitert. Brachialer Gitarrensound, wie immer Rogers unnachahmlicher Gesang, Melodie und Struktur trotz aller Wucht und der durchgängig tuckernde Synthesizer ist die Erweiterung. Spätestens jetzt sollte der Leser dieses Meisterwerk auch hören. Der Text lässt sich so oder so interpretieren – „immer und überall die gleiche Scheiße, aber wir lassen uns nicht verarschen" ist eine Möglichkeit, kurz und knapp gesagt. Das einzige richtige „Solo" ist gegen Ende dem Synthesizer vorbehalten, eine ruhige, lange Passage, bevor Roger mit einem der besten Urschreie YEAH! aller Zeiten das weiterhin krachende Ende einläutet, nein, einschreit! Dieser Schrei weicht das Rückenmark auf und hallt bis in alle Ewigkeit nach, das meine nicht nur ich.

Wenn man schreibt, recherchiert man auch, wenigstens ab und zu – **Won't Get Fooled Again** war der letzte Song, den Keith Moon live gespielt hat, das wusste ich bis dato nicht. Bevor er sich verarschen ließ, hat er den Löffel, nein, die Drumsticks abgegeben.

Ein „heimliches" fünftes Mitglied der Who, in diesem Sinne, und Freund, war seit den 70er Jahren der „Gitarrenwizard" und Roadie Alan Rogan (der auch für George Harrison, AC/DC, Eric Clapton und andere Koryphäen arbeitete). Kaputte Gitarre (Pete ließ sie manchmal noch etwas heile), Gitarrenprobleme, welche Gitarre sollte man nehmen – Alan war mit Rat und Tat zur Seite, auch selbst Musiker noch „nebenbei". Kurz bevor ich ihn wie geplant und erhofft 2019 persönlich kennenlernen konnte, ich war sehr gespannt auf viele spannende Geschichten, starb er leider an seinem Krebsleiden. Nachrufe in der New York Times und der Times, auf der Who-Webseite und anderswo zeugen von der Bedeutung dieses „Star der Stars". Ich bin stolz, jetzt zwei seiner von ihm persönlich getragenen T-Shirts zu besitzen – das alles ist eine ganz besondere Geschichte.

OK, dies wird wohl der längste Beitrag (und ist es geblieben). **Won't Get Fooled Again** gibt es auch als Single-Version, aber ich empfehle dringend die mehr als 8-minütige Version vom Album *Who's Next*. Dass es insgesamt klasse ist, muss ich eigentlich nicht erwähnen, aber auch das Cover verdient besondere Aufmerksamkeit. Vier „Rüpel" (die Who, wer sonst?) haben gerade ein riesiges Monument, nicht unähnlich dem aus dem epochalen Film *2001- A Space Odyssey*, angepisst. Typisch Who – unangepisst, äh, falsch, unangepasst, provozierend, fragend. Mit *Tommy* haben sie möglicherweise die erste „Rock-Oper" geschaffen, da sind sich die Gelehrten nicht ganz einig (auf jeden Fall die erfolgreichste) und galten anfänglich als „Mods", aber man könnte sie auch als die ersten Punks bezeichnen, in jeder Beziehung. Jetzt habe ich viele Eulen nach Athen getragen, aber vielleicht auch manche, die nicht jeder kannte.

Egal, ich lasse mich nicht verarschen, gestern, heute und bis in alle Ewigkeit nicht.

YOU KEEP ME HANGIN' ON - ROD STEWART

(Holland, Dozier, Holland)

Nein, nicht *Sailing* oder andere seiner klasse Hits, sondern dieser Album-Track ist für mich der weit herausragende Song von Rod unter vielen anderen herausragenden.

Rod Stewart kennt jeder, auch die junge Generation, und an ihm scheiden sich die Geister. „Poser" oder „hört sich immer gleich an" sagen seine Gegner – Künstler und Sänger der Extraklasse sagen seine Anhänger. Entweder man hasst ihn oder man liebt ihn. Ich liebe ihn in hohem Maße, bin nicht schwul (er auch nicht) und bin auch keine Frau, die ihn oft besonders lieben (und er sie). Frauen haben meist/oft den besseren Geschmack.

Hört sich immer gleich an – jein. Oberflächlich gehört mag das stimmen, aber seine charismatische, außergewöhnlich sanft-raue Stimme präsentiert er mit vielen Nuancen, die jedem Song ihren bzw. seinen Stempel aufdrücken, man muss einfach nur zuhören. Selbst aus einem schlechten Song macht er noch zumindest einen passablen oder sogar guten. Und so gesehen, nein gehört, ist „immer gleich" auch gut – man weiß, was einen erwartet, und freut sich drauf.

Rod Stewart ist durchaus auch ein passabler Komponist, wenn er hier und da mal etwas dazu tut – sein Talent ist aber seine Kehle und die Fähigkeit, immer die besten Musiker um sich zu versammeln und aus jedem Song etwas Besonderes zu machen. Und diese besten Musiker werden ihren Grund haben, sich um ihn zu versammeln – nicht nur im Hinblick auf ihr Bankkonto.

Im Original ein toller Hit für die Supremes, nehmen Rod und seine Mitstreiter diesen klasse Tamla-Motown-Song völlig auseinander, mischen alles gut durch und setzen es wieder neu zusammen. Das ist kein einfacher „Coversong", das ist ein neues Musikstück, auf einem anderen basierend, das, was eine Interpretation ausmacht.

Das wunderbare, zahme Orgel-Intro mit den dann gewaltig einsetzenden Drums und Jim Cregans Gitarre, die einem die Schuhe auszieht, bis Roddie dann schließlich seine Instrumental-Stimme zur Geltung kommen lässt – ein Ohrenschmaus sondergleichen und ein weiteres Lehrstück für Dynamik (sorry, mir fällt einfach kein besseres Wort dafür ein). Ein (sehr) verhaltener Mittelteil (Dynamik, sagte ich das schon?), dann wieder diese unvergleichliche Gitarre, und Rods Stimme … mehr als 7 Minuten lang kann man in diesem Klanggemälde baden. (Auch erwähnenswert ist übrigens die psychedelische, noch mal ganz andere Version von Vanilla Fudge.)

Ich wollte hier Songs vorstellen, auch mit gelegentlichen Verweisen auf Alben. Dies ist eine Gelegenheit –

das Album *Foot Loose & Fancy Free* ist für mich DAS Rod Stewart-Album (ich habe alle) überhaupt, nicht nur wegen **You Keep Me Hangin' On**. Seine herzzerreißenden Interpretationen von *(If Loving You Is Wrong) I Don't Want To Be Right* oder *I Was Only Joking* sind einfach … herzzerreißend. Das gesamte Album ist eins der besten für die Ewigkeit.

Genug der Lobhudelei – seit mehr als 50 Jahren (früheste Anfänge u. a. mit der Jeff Beck Group) ein zuverlässiger Begleiter, lässt Rod Stewart mich nie hängen und seine Fußball- und Modelleisenbahnbegeisterung machen ihn umso sympathischer.

Kein Dauerhänger, sondern Dauerbrenner par excellence.

YOU'LL NEVER WALK ALONE -
GERRY & THE PACEMAKERS

(Rodgers, Hammerstein)

Auch so ein Allerweltssong, bei dessen Nennung manche Leser vielleicht aufstöhnen.

Als Archetypen des Merseysounds, vielleicht mehr noch als die Beatles, die diesen anstießen und dann … die Beatles wurden, hat Gerry Marsden mit seiner leicht schmalzigen Stimme und seiner Truppe diesen amerikanischen Musical-Song aus dem Jahre 1945 dem Welt-Gedächtnis eingeimpft und umfunktioniert.

Ihr *Ferry 'cross the Mersey* ist ein wundervoller Mersey-Hit, aber **You'll Never Walk Alone** von Gerry &

The Pacemakers ist ein unvergleichlicher Welt-Hit und DER Fußball-Song überall auf dem Globus geworden. Nicht nur beim BvB, auch schon mal beim VfL Bochum, und immer irgendwo in irgendeinem Stadion. Und Jahrzehnte später live erlebt aus tausenden Kehlen an der Anfield Road beim FC Liverpool, wie ich die Ehre hatte – Gänsehaut pur! Und welcher andere Verein hätte schon diese Tradition begründen können? Mehr muss ich dazu nicht sagen - Rocker und Soccer: **You'll Never Walk Alone**!

YOU REALLY GOT ME - THE KINKS

(Ray Davies)

Nach zwei Fehlversuchen der Kinks krachte **You Really Got Me** 1964 in die zu der Zeit noch meist recht braven Charts, im UK gleich bis auf die Nr. 1. Mit seinem heftigen Gitarrenriff wird dieses Stück weitgehend als Geburtsstunde des „Heavy Metal" betrachtet, auch wenn dieser Begriff erst viel später auftauchte. [Die ist der erste Beitrag, den ich geschrieben habe, und nun der letzte – falls das jemanden interessiert. Der Umkehrschluss trifft nicht zu.]

Damals war es nicht unüblich, dass versierte Studiomusiker einen Song einspielten, der dann einer Gruppe zugeschrieben wurde und die ihn sicher in diversen Fällen erst mühsam lernen musste, um ihn bei den immer mehr werdenden Live-Auftritten einigermaßen passabel darbieten zu können.

So kursierte lange Zeit das Gerücht, dass Jimmy Page (Yardbirds, Led Zeppelin) das Solo von **You Really Got Me** gespielt hat. Viele Quellen beweisen, dass dies falsch ist, nicht zuletzt Jimmy Page selbst. Und ganz besonders Ray Davies, der in seiner Autobiografie (1998) behauptet, seinem Bruder Dave „fuck off!" zugerufen zu haben, damit dieser den Einsatz des Solos nicht verpennt und dass man dies auch „deutlich" hört (besonders auf CD), obwohl er später über den Drumbreak, der dem Solo vorhergeht und bei dem dies geschah, „Oh no!" gerufen hat, um es zu überdecken.

Ich habe versucht, es zu hören, in der Mono- und Stereo-Version, immer und immer wieder … vergeblich.

Vielleicht haben andere ja bessere Ohren als ich und ganz offenhörig als Ray.

Egal, ein „Song des Jahrhunderts", der „fuck off!" (leg' los!) für den Weg der Kinks zu vielen weiteren, meist lässigeren, wunderbaren Hits bedeutete (*Sunny Afternoon*, *Waterloo Sunset* sind nur einige davon), auch wenn sie diese Erfolgsformel mit ihrem Folgehit *All Day And All Of The Night* erst mal nur „kopierten".

Mastermind Ray Davies ist einer der ganz großen Songschreiber und die Kinks sind eine der Ur-Säulen, die den Rock-Himmel tragen.

Selten gecovert (u. a. von Van Halen), ist die Instrumentalversion (!) von Mott the Hoople (siehe da) auf ihrem Debut-Album fünf Jahre später (1969) umso bemerkenswerter und kommt dem Begriff „Heavy Metal" noch näher. Dieser geniale Riff packt einen, nomen est omen, und lässt bis in alle Ewigkeit nicht los. Am besten im Original, unübertroffen!

NACHWORT

Fettich, wie wir hier im Ruhrgebiet sagen (fertig), und da passt der letzte Eintrag ganz gut, zufällig nach alphabetischer Sortierung. 100 Songs, die mir viel Freude gebracht haben und auf ewig weiter bringen werden, auch manches Kopfzerbrechen, was die Auswahl generell und auch spezifisch anging. Aber solch ein Kopfzerbrechen macht und hat mir Spaß gemacht. Ich habe mich an vieles erinnert, manches neu gelernt.

Nicht verschweigen kann ich aber, dass auch einiges „schlechtes Gewissen" dazu gehört. Es gibt so viele tolle Songs und hervorragende Künstler, die hätten aufgeführt oder wenigstens erwähnt werden können, aber 100 ist 100, basta, und da mussten manche auf der Strecke bleiben, leider. Meine potenzielle Liste ist noch um einiges (viel einiges) länger, und zu anderer Zeit hätte es auch dieser oder jener Song und/oder Künstler sein können statt dieses oder jenes. Ich will gar nicht erst anfangen, welche aufzuzählen …

Ich habe „wild durcheinander" geschrieben, wie es mir in den Sinn und ins Gehör kam, aber bei der abschließenden alphabetischen Sortierung ergaben sich manche „witzige" Konstellationen.

Für weitere 100 Songs wird die Liste allerdings nicht reichen und obwohl es viele hunderte, tausende Songs gibt, die ich gerne oder sehr gerne höre, unterscheiden sie sich von denen, die mir tief, ganz tief unter die Haut gehen, bis ins Mark. Und seltsamerweise gibt es

Künstler wie Joe Bonamassa, dem ich stundenlang hingebungsvoll lauschen kann und den ich über (fast) alle Maßen schätze … aber ein spezieller Song von ihm hat sich bei mir nicht festgebohrt.

Ein ganz besonderer Dank gilt meinem Freund und wunderbaren Grafiker Marco im fernen Brasilien, einem der besten seiner Zunft, siehe auch Impressum.

Kurzer Nachrede langer Sinn – vielleicht hat diese Ansammlung von Songs auch manchem Leser/Hörer Spaß gemacht und vor allem inspiriert, sich mal wieder oder wieder mehr mit der Materie zu befassen.

Die Ewigkeit ist ewig, aber unsere Zeit ist viel zu knapp bemessen, um sich gute Musik entgehen zu lassen – was gut ist, bestimmt jeder selbst (außer rechtsradikaler Scheiße, die die Bezeichnung „Musik" nicht verdient).

Keep on rockin'!

Index Titel – Interpret

Index – Interpret (ohne Titel)
(Vornamen an erster Stelle, Bandnamen ohne „The")

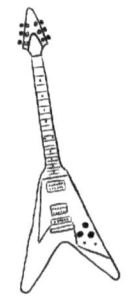

Nicht nur um Musik, aber natürlich auch sehr viel
darum und um vieles andere geht es in dem Buch

ICH GLAUBE AN HÜHNER

An-, Ein- und Nachsichten eines 68ers

„Sex, no Drugs and Rock'n'Roll" – mit diesem Leitspruch vom münsterländischen Kaff ausgerechnet in die „Weltstadt Bochum" – langweiliger geht's kaum, mag man denken.

Doch vieles ist anders, als es auf den ersten Blick zu sein scheint. Das Leben ist wie eine Toilette, man macht viel durch … Weiber, Musik (oder andersherum), Politik da, wo das Herz schlägt, private und berufliche Auf- und Abstiege, Niedergänge und Höhenflüge liefern Stoff für viele, sehr viele Geschichten und Erlebnisse. Nicht zuletzt England, USA, die Philippinen und andere Orte „auf dieser kleinen Kartoffel im Weltall" spielen eine große Rolle – egal, „annerswo is' auch scheiße".

„ … echt aus dem Leben gegriffen …, während viele hochkarätige Biografien ja von Personen stammen, die absolut neben dem echten Leben stehen …".

Ein Trip über insgesamt acht Jahrzehnte der Zeitrechnung, wobei die wenigen Monate des frühesten vergessen sind. In den ersten paar Lebensmonaten ist das Hirn noch weitgehend mit der Koordination von Trinken und Stinken beschäftigt, was im späteren Leben auch manchmal hilfreich sein kann. Manche/r Leser/in mag dabei in eigenen Erinnerungen schwelgen – oder sich einfach nur vergnügen, könnte auch möglich sein.

Sehr persönliche An- Ein- und Nachsichten, „Außer wenn ich schreibe „das ist die Wahrheit" – dann ist es die Wahrheit."

Und was haben Hühner damit zu tun? Das steht auch in diesem Buch.

(Rückklappentext)

WAZ (Westdeutsche Allgemeine Zeitung)
„ … Liebe, Musik, Politik, private und berufliche Auf-
und Abstiege – Köther lässt rein gar nichts aus. …flott
von der Leber weg. Eine Erinnerungslawine, die einen
förmlich überrollt."

AMAZON Kundenrezensionen

Es muss nicht immer Promi sein „Ich glaube an
Hühner" – welch ein Titel. Und das Cover erinnerte
mich sofort an die Beatles. Das machte mich neugierig.
Ich kaufe mir oft Bücher, deren Aufmachung, Cover-
gestaltung oder/und Klappentexte interessant sind.
Hier war es nun mal der Buchtitel.
Oft schon wurde ich enttäuscht, doch hier war es ein
Volltreffer.
Was hat man nicht schon Biografien von Schauspie-
lern, Fußballern und anderen Promis gelesen. Aber es
gibt auch verborgene Schätze, die es nur zu heben gilt.
… "

Bestes Buch ever „Es handelt sich wirklich über das
wahre Leben.. Nur zu empfehlen. Ideal auch für unterwegs!!! Ein muss für alle Bücherwürmer!!"

Andere Stimmen

„ … habe dein Buch erworben und in „einem
Rutsch" gelesen. Konnte es nicht aus der Hand
legen. Einfach wunderbar. Hast mich auf eine
Zeitreise mitgenommen. … "

„ … im halben Tag und einer Nacht durchgelesen, so
spannend und unterhaltsam … "

*Ferdinand Köther: Ich glaube an Hühner / BoD, ISBN
978-3-739206356*

Der Autor

… wurde im Gründungsjahr der Bundesrepublik Deutschland geboren, erlebte 1962/63 seinen „Urknall" mit den ersten Songs der Beatles, und seitdem hat ihn die Musik nie mehr losgelassen und durch ein äußerst ereignisreiches Leben begleitet. 100 dieser Lebensbegleiter hat er hier vorgestellt.

Rock 'n' Roll Never Dies!